中小企業の 退職者撲滅法!!

楽習チームビルディング

不機嫌な職場を
上機嫌な
職場に変える!

藤咲徳朗 著

セルバ出版

はじめに～不機嫌な職場を変えよう

退職者が多い会社、組織には独特の空気があります。誰もが不機嫌な顔をして、不機嫌な言動をしているのです。どうして人が辞めていくのかというと、それは、その場がつくる不機嫌な空気が原因です。人が集まる場所には楽しい場所もあれば、重苦しい場所もあります。それをつくり上げているのは、そこにいる1人ひとりの表情や言動です。それが、いつの間にか空気として定着していきます。もしそれが不機嫌な空気だとしたら、不機嫌病という恐ろしい病気がまん延して、どんどん人が辞めていくのです。

どうしてそのようなことが起こるのかというと、不機嫌を表に出している人がいるからです。不機嫌な人が1人でもいると、その職場は不機嫌な職場になるのです。逆に明るく元気のよい人がその職場にいると、その職場は明るく元気な職場になります。悪いほうのイメージリーダーとよいほうのイメージリーダーの存在が、その職場をつくり上げています。それは職場の役職上のリーダーでないケースもあります。上司であったとしても、言うことを聞いてくれない不機嫌な部下がいると会社に行くのが嫌になるのです。

会社に行きたくないと思う原因を突き詰めて考えると、そこにあるのはたった1人の不機嫌な人の存在だったりします。「あの人がいるから行きたくない」、「あの人のそばに行きたくない」、それが会社に行きたくない人の心の中にある答えなのです。

退職者の問題、パワーハラスメントの問題など、中小企業は悩んでいます。会社の存続の危機になっている会社もあります。それを解決するには、不機嫌な職場を上機嫌に変えるチームビルディング研修を継続して、職場の空気を入れ替えることです。毒ガスがまん延しているような職場の窓を大きく開けて、新鮮な空気に入れ替えるのです。誰もが上機嫌になれるチームビルディング研修を実施すると、よどんだ空気が入れ替わって退職者が大激減します。チーム力が高まって業績も向上するのです。

相手も自分も上機嫌になる方法は何でしょうか。相手を機嫌よくするには相手をおだてること、相手にこびへつらうこと、ゴマをすること、思ってもいない褒め言葉を言うことと勘違いしている人がいます。それは逆に相手を不機嫌にします。自分も不機嫌になります。自分も相手も機嫌よくなることが上機嫌なチームになるコツです。

それは、一例をあげると、なにげない朝のあいさつや呼ばれたときの返事、そして、接するときの優しい笑顔とアイコンタクト、話を聞くときの、うなずきやあいづちなのです。だから、職場をご機嫌な環境にすることは、そんなに難しいことでなく、本当はとても簡単なことなのです。しかし、職場でも家庭でもおろそかにされているのがこのような、なにげない行動なのです。

〝人を大切にする〟というアンテナを立てたら、どうしたら相手が嬉しいかという心の声が聞こえてきます。それをチームビルディング研修で学び、職場で実践すると、退職者が激減するのです。

職場の空気をよりよく改善するには、現状のチームワークを改善するだけでなく、１人ひとりの変革と成長が必要となります。つまり、不機嫌な表情や言動をする人を普通の人にすること。そして、普通の人を元気な人にすること。それがチームビルディング研修の目的です。

ある実験をしたことがあります。無色透明なペットボトルの水の中に、一滴の墨を入れました。すると、その透明な水は真っ黒になりました。これが人の心を表しています。不機嫌な人がそばにいると、自分の心も真っ黒になってしまうのです。不機嫌な人の影響力は職場を真っ暗にするくらい強力なのです。

私はこれまで30年間の企業研修で延べ15万人に教えてきました。訪問した会社は延べで1000社以上になります。経営者から退職者を減らす企業研修を実施して欲しいという要望に応えてきました。企業研修の目的は社員を辞めさせないチームビルディング研修を実施して、退職者を減らし業績を向上させることです。

チームビルディング研修の実施で、新卒採用者が1年間で4割以上退職する会社が、退職者が皆無になったこともあります。また、業績が毎年増収増益の会社もあります。ちょっとしたコツを学んで実践すると、職場の風土の改善はさほど難しいことではありません。不機嫌な人を機嫌よくすればよいのです。

たとえば、不機嫌な人は、本当に不機嫌なのかというと、そうでないケースがあります。長年しみ込んだ習慣で笑顔ができていない人がいます。いつも険しい表情のその人といると、周囲に不機嫌が移ってしまいます。心は誠実な人だけれど、一緒にいて楽しくない人です。しかし、本人は笑顔ができていると思っているのです。そのような人の表情を笑顔にする楽しい実習を繰り返しています。研修の最後には素敵な笑顔に変わっています。そのときだけでなく、その笑顔を習慣にすることができたら、周りの人に不機嫌が移ることはありません。

どうしたらそのようなことが可能なのか知りたい人のために、本書では、実際の研修で使っているチームビルディングの方法や研修のコツを書いています。本書が皆様の職場風土の改善に役立ったとしたら、こんなにうれしいことはありません。本を読んで、このチームで働いていて幸せだ、あの人がいるから職場が楽しいと言われるような上機嫌な職場風土になるきっかけとなることを願っています。

2020年3月

藤咲　徳朗

中小企業の退職者撲滅法‼
不機嫌な職場を上機嫌な職場に変える！　楽習チームビルディング　目次

第2章　これだけでもチームがよくなる基本のチームビルディング

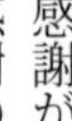

第3章　基本ができたら応用のチームビルディング

第4章　楽習ホウレンソウ研修がチームビルディングのキモ

第1章　なぜ楽習チームビルディングが必要か

1　対話のない職場の現状

●あいさつと対話のない職場

ある会社の1シーンです。朝はバラバラに出社してきます。先にパソコンに向かって仕事をしている人がいます。後から来た人は静かに自分の椅子に座ると仕事を始めます。その間、一切の会話はありません。あいさつもありません。お昼休みもバラバラに取ります。帰りもバラバラになります。1日の中で「おはようございます」のあいさつも、「お先に失礼します」のあいさつも交わすことはありません。このようなあいさつのない会社が増えています。会社の中で何も話をしないで過ごす社員が増えています。

あいさつをきっかけに雑談をするケースがあります。しかし、あいさつがないので雑談をするきっかけがありません。そして、個々の社員は自分から相手に声をかけることはありません。人に関心を持つ習慣がないからです。人と関わることに慣れていないのかもしれません。できるだけ、自分だけの世界で過ごしたいと思っているのです。だから、同じ会社の同じ部署で働いていても、会話をするケースがなくなっています。同じ部署に1年間いて、年末の忘年会の時に初めて同じ部署の人と話をしたというケースもあるのです。

そして、自分の部下や上司、そして、会社の活動について興味がありません。自分の会社の他部署の活動にも興味がないので知りません。社長の方針や会社の年度目標も興味ありません。他人の仕事ぶりや仕事の悩みにも無関心です。自分の目標達成のみに関心があります。そんな社員が増えています。

上司と部下との会社での会話が指示命令とホウレンソウだけになっています。その会話もパソコンメールを通じての会話です。対話、肉声の会話がほとんどありません。感情がわかる対面での会話をしていないので、上司と部下の意思疎通がうまくいっていません。

そして、プライベートに干渉されることを嫌います。結婚していることを同僚に隠す人がいます。プライベートについては他の人に話さないようにしています。このような職場が増えています。

●不機嫌病が広がっている

職場では不機嫌を振りまいている人が増えています。相手の話をうなずきやあいづちを打ちながら話を聞いている人がほとんどいません。そして、相手に思いやりや感謝の気持ちを持って話を聞いている人もいません。それが無意識の言動に出ています。表情で〝早く話を終わればいいのに〟と言っています。相手はそのことに気づいています。表情のはしばしにそれが出ているからです。

そして、二度とこの人に話をするのはやめようと思っています。しかし、本人は相手がそんなことを思っていることに気づいていません。気づかないので、いつの間にか、ほとんどの人たちが相手をしなくなっていったとしても、相手が悪いと思っているのです。

そのような不機嫌を振りまく人が増えています。この不機嫌病は伝染していきます。たとえば、新入社員で明るく元気な人を採用しても、不機嫌な部署、不機嫌なチームに配属すると、不機嫌を振りまく人になります。いつもしかめっ面をして、否定的な話をする人になります。空気をつくる力のほうが個人の力よりも強力なのです。

2　パワーハラスメントを防ぎ、離職者を減らすコツ

●パワーハラスメントの現状

不機嫌な職場でのパワーハラスメントの問題は避けては通れません。不機嫌な職場には、パワーハラスメントの言動をしている上司や同僚、そして、部下がいるからです。

図表1は、「平成30年度個別労働紛争解決制度施行状況」のデータです。労働相談は、10年連続100万件を超えています。その中では「いじめ・嫌がらせ」が6年連続トップになっています。

都道府県労働局に寄せられる企業と労働者の紛争に関する相談で、「いじめ・嫌がらせ」に関するものは、平成14年度には約6，600件（全体の5・8％）であったものが、平成30年度には82，797件（全体の25％）と急増し、「解雇」を抜いて相談件数のトップとなり引き続き増加しています。「いじめ・嫌がらせ」などのパワーハラスメントの対策をしなければ企業運営ができ

〔図表1　楽習チームビルディング研修の必要性〜社員が辞める理由〕

労働相談は10年連続100万件超「いじめ・嫌がらせ」が6年連続トップ

都道府県労働局に寄せられる企業と労働者の紛争に関する相談で、「いじめ・嫌がらせ」に関するものは、平成14年度には約6,600件（全体の5.8％）であったものが、平成30年度には約82,797件（全体の25％）と急増し、「解雇」を抜いて相談件数のトップとなり引き続き増加しています。

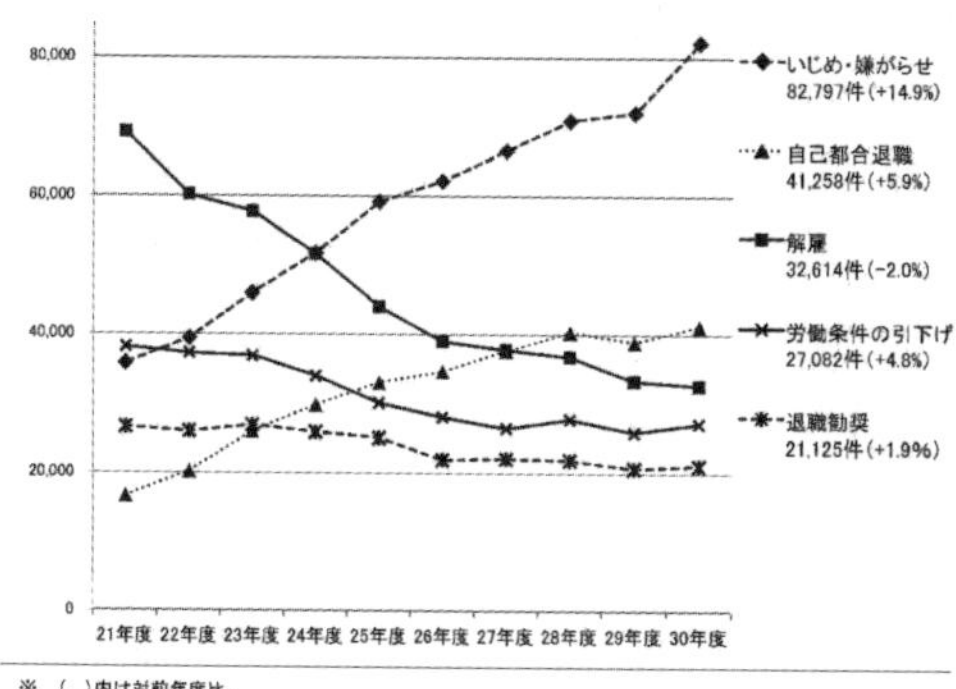

※（　）内は対前年度比。

厚生労働省　「平成30年度個別労働紛争解決制度の施行状況」より

ない時代になっています。

●どんな職場でパワーハラスメントが多いのか

平成24年度の厚生労働省「職場のパワーハラスメントに関する実態調査」の資料によると、その原因を見ることができます。

・パワーハラスメントに関する相談がある職場に共通する特徴（企業調査〜アンケートの件数が多い順）

①上司と部下のコミュニケーションが少ない職場
②正社員や正社員以外など様々な立場の従業員が一緒に働いている職場
③残業が多い／休みが取り難い職場
④失敗が許されない／失敗の許容度が低い職場
⑤他部署や外部との交流が少ない職場
⑥様々な年代の従業員がいる職場

パワーハラスメントの相談のある職場では、上司と部下のコミュニケーションが少ないという特徴があります。同じ会社にいながらあいさつをしない、雑談もしない、お互いに無関心な職場でパワーハラスメントの相談が発生しやすいというアンケート結果です。

そして、正社員や正社員以外（契約社員、派遣社員、短時間勤務社員、アルバイトなど）の従業員が働いている職場では、パワーハラスメントが発生しやすいのです。雇用条件が違っているのでお互いにカベがあり、意思の疎通がままならないことが想像できます。

残業が多く休みが取りづらい職場では、自分の仕事のことだけで精いっぱいで周りに気を遣うことができません。心の余裕がないので、周りに対して暴言・無関心の言動を示すケースも多くなるのです。

失敗が許されない／失敗の許容度が低い職場だと、成果だけを上げることが目標となるので、上司と部下の信頼関係を築くのが難しく、相手に対する言動も厳しくなるでしょう。

他部署や外部との交流が少ない職場では、会社全体の動きがわかりません。同じ会社に所属しながら隣の部署の社員とは言葉を交わすこともないさつばつとした関係になっています。

様々な年代の従業員がいる職場では、世代ギャップがあるので会話が通じません。それぞれが不機嫌な表情のまま黙って仕事をしているのです。

このような**環境が**パワーハラスメントを生み出していると言えるでしょう。そして、ここにパワー**ハラスメントを防ぐヒントがあるのです。**パワーハラスメントが発生する職場の共通の課題は、コミュニケーションのとりかたです。そもそもコミュニケーションをとっていません。お互いが心から明るく元気になれるコミュニケーションをとる方策を打てば、パワーハラスメント対策になるのです。

●対策を間違えないこと

ある経営コンサルタントが中小企業で会社の問題点を合宿であぶりだす研修をしました。全社員、全部門が集まりました。他部門の批判、会社や上司の批判が続出しました。

結局、その会社は〝雨降って地固まる〟どころか〝雨降って大洪水〟でした。つまり、雨を降らす必要もないのに、むりやり雨を降らせて大洪水を引き起こしたのです。人心の乱れはそこから始まり、疑心暗鬼、他責の会社になりました。よい人が辞めていき、10年後に倒産しました。不機嫌となる原因を皆で論じ合うと、その影響を受けてさらに不機嫌になっていくのです。

●研修をするとパワハラが増える

ある社会保険労務士が、企業の経営者から依頼されて、パワーハラスメントの研修を企業で実施したら、逆にパワーハラスメントが増えたそうです。セミナーの後に、「私はパワハラを受けている」と会社に不満を訴える人が出てきました。その社会保険労務士は社長から、どんな研修をしたのかと怒られたそうです。

何を間違っていたのかというと、研修目的を間違っていたのです。社長はパワーハラスメントのない会社をつくって欲しくて研修の依頼をしてくるのです。パワハラの判例や定義を詳しく教えて欲しいワケではありません。

たとえば、パワハラの6類型の1つに過大な要求があります。これを従業員に説明すると、「そうだ！　私は上司から過大な仕事を指示されている！　これはパワハラだ」と思うのです。また、6類型に精神的な攻撃があります。これを説明すると、「そうだ！　私は上司から怒られて精神的につらい。これはパワハラだ！」と思うのです。パワーハラスメント研修だけをすると、社内がギスギスしてくるケースがあるのです。

だから、パワーハラスメント研修をするならば、それに合わせてチームビルディング研修を実施しなければ逆効果になります。誰もが明るく元気になれるカリキュラムを実施して、お互いが認め合い、褒め合い、感謝しあう会社をつくることができれば、パワーハラスメントはなくなるのです。しかし、この風土をつくるのは簡単ではありません。一朝一夕にはできません。根気強く継続するしかありません。

●インターナル・マーケティングの必要性

インターナル・マーケティングとは、社内の人たちに向けたマーケティングのことです（図表2）。社内の人にも会社へのロイヤリティーを高めてもらうために、広報・宣伝などのマーケティング活

〔図表２　インターナルマーケティングとは〕

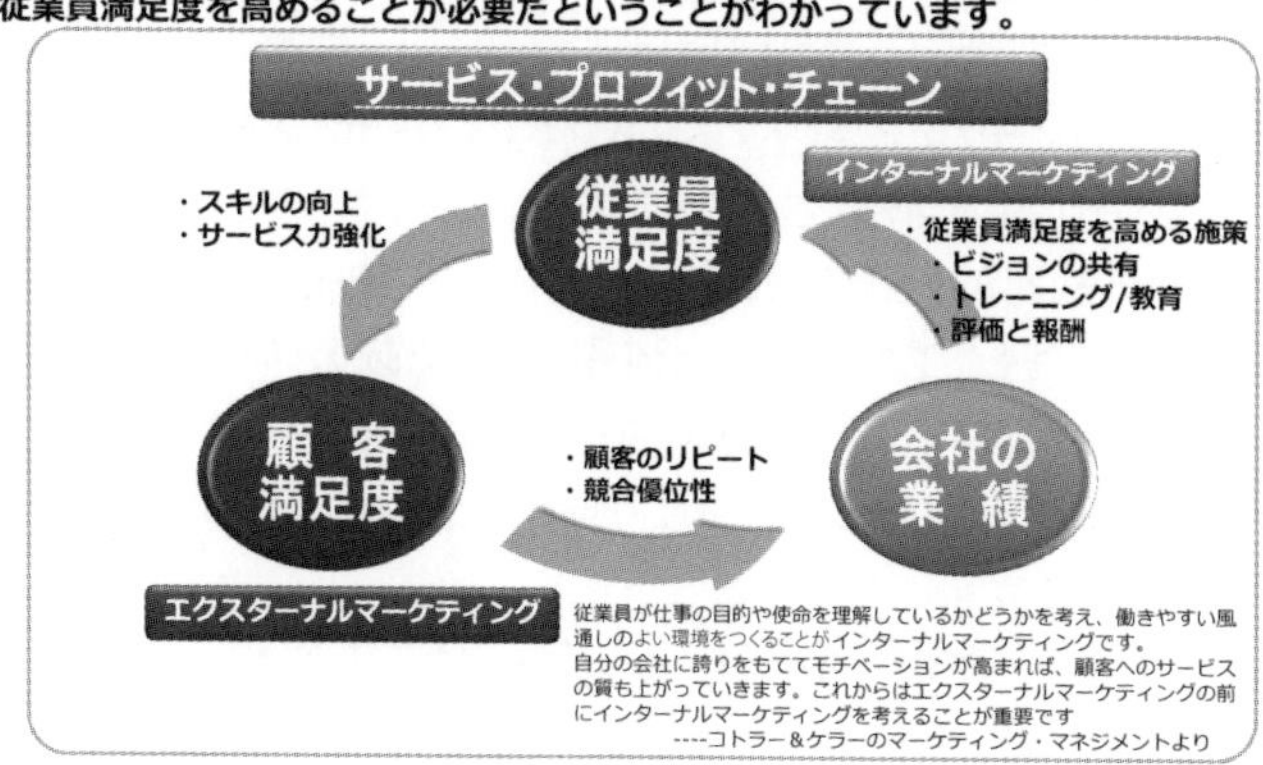

動をしなければなりません。それが従業員満足度を高めることになります。

会社の業績を上げるためには、従業員満足度を高める施策を打つこと、つまり、ビジョンを共有すること、社員の能力向上のためにトレーニングや教育をすること、評価と報酬を適切にすることとです。このことにより従業員満足度が高まります。すると、顧客満足度も高まります。それは、顧客がスキルの向上した従業員のサービスを受けることができるからです。

結果として、それが顧客のリピートや競合優位性となるので、会社の業績も向上するのです。パワーハラスメントのない会社をつくるだけでなく、社員の定着率を上げて、業績を上げるためにもインターナル・マーケティングは欠かせません。

コラム【インターナル・マーケティング】

コトラー＆ケラーは、「賢明なマーケターは社内向けのマーケティング活動も、社外向けのマーケティング活動と同等か、むしろそれ以上に重要なものだと認識している。社内スタッフにまだ提供する準備ができていないのに優れたサービスを約束するのはナンセンスである」(「コトラー＆ケラーのマーケティング・マネジメント」より引用）と指摘しています。これは現代の企業活動において大変重要な意味をもっています。

なぜなら、顧客から見れば、企業は一体的存在であるからです。営業も、総務も、経理も、玄関の警備員も企業の一員であり、同時に企業そのものとみなされます。従業員全員にマーケティング戦略を浸透させることは、従業員のモチベーションや能力向上とともに企業の最重要課題と言えるでしょう。

「ディズニー７つの法則」（トム・コラネン著）においては、「競争の性質が根底から変わってしまったのです。町内の同業者だけが競争相手だという時代は終わりました。お客さんは文字通りすべての会社を比較します。《中略》すべての会社が『顧客満足度』という土俵で勝負しているのです」という顧客の意識の変化が指摘されていますが、このことに加えて「社内の顧客も外部の顧客と同じものを求めています。社内電話であっても、その対応はL.L.ビーン（アメリカの通販業者）やフェデックス（世界規模の宅配・運送業者）と比較されます」とも指摘されています。

企業は従業員に、「魅力のある仕事と職場環境」と「仕事に見合った報酬」を提供する代わりに、「労働力」を受け取ります。これをマーケティングの観点から考えると、企業は、従業員の「必要」と「欲求」を理解する必要があります。そうでなければ優秀な人材を確保することはできませんし、彼らから最大の能力を提供してもらうこともできないのです。勿論、逆もまた真です。従業員も企業の「必要」と「欲求」を理解し、最大の能力を発揮しなければ、企業も従業員もお互いに成長はできないのです。

3　人は何のために働くか

●マズローの欲求5段階説

マズローの欲求5段階説があります。人間の欲求は5段階のピラミッドのように構成されて、低階層の欲求が充たされると、より高次の階層の欲求を欲するというものです。

第1階層の「生理的欲求」は、生きていくための基本的・本能的な欲求（食べたい、飲みたい、寝たいなど）のことです。この欲求がある程度充たされると次の階層「安全欲求」を求めます。

第2階層の「安全欲求」には、危機を回避したい、安全・安心な暮らしがしたい（雨風をしのぐ家・健康など）という欲求が含まれます。この「安全欲求」が充たされると、次の階層である「社会的欲求（帰属欲求）」（集団に属したり、仲間が欲しくなったり）を求めるようになります。

この欲求が満たされないとき、人は孤独感や社会的不安を感じやすくなります。ここまでの欲求は、外的に充たされたいという思いから出てくる欲求といわれています。

そして、次に芽生える欲求は、第4階層である「尊厳欲求（承認欲求）」（他者から認められたい、尊敬されたい）です。ここからは外的なモノではなく、内的な心を充たしたいという欲求に変わります。「尊厳欲求」が充たされると、最後に「自己実現欲求」（自分の能力を引き出し創造的活動がしたいなど）が生まれます。

〔図表3　マズローの欲求5段階説〕

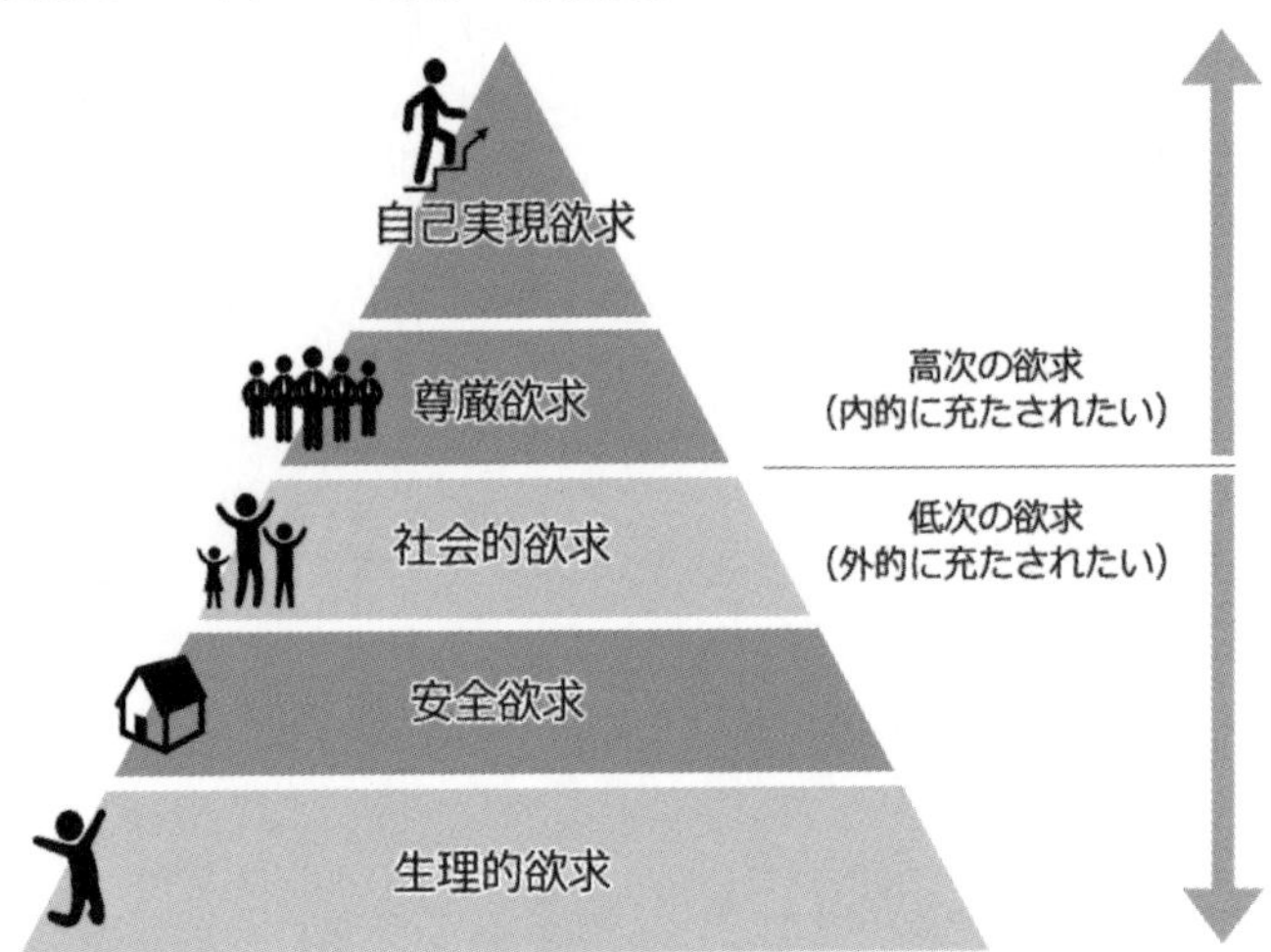

晩年になり、マズローは、5段階の欲求階層の上にさらにもう1つの段階があると発表しました(図表3)。それは「自己超越」という段階。「目的の遂行・達成『だけ』を純粋に求める」という領域で、見返りも求めずエゴもなく、自我を忘れてただ目的のみに没頭し、何かの課題や使命、職業や大切な仕事に貢献している状態だといいます。

不機嫌な職場では社会的欲求と尊厳欲求が充たされていません。お互いが〝無関心〟だからです。愛情の反対は何でしょうか。憎しみ、怒りでしょうか。どちらでもなく、〝無関心〟だと言われています。これはマザー・テレサの言葉だそうです。憎しみや怒りは相手の存在を認知しています。そして、相手を人として見ています。

一方、〝無関心〟は、相手を人として見ていません。石ころ、雑草と同じ扱いです。その存在さえ認知されていません。だから、これが最も愛情のない行為かもしれません。人は寂しいと、相手に怒りをぶつけることがあります。「もっと、私を見て、私に関心を持って」という気持ちが怒りに変わるのです。無意識に誰かを否定することで、自分を見て欲しいという言動をしているのも不機嫌な職場の特徴の1つです。

●衛生要因動機づけ要因

フレデリック・ハーズバーグは、「動機づけ衛生理論」の中で、職務満足に関する要因には「不満足要因」と「満足要因」があるとしています（図表4）。「不満足要因」とは、会社方針や職場環境、給与、対人関係などのことです。これらの要因が不十分なときに、人は不満足と感じます。そして、十分であっても満足感をもたらすものとは言えません。不満足要因は、「衛生要因」とも呼ばれています。

一方、「満足要因」とは、仕事内容、達成感、承認、責任、昇進、成長の可能性などを指します。これらの要因が十分であるときに、人は意欲が高まります。満足要因が満たされることで、積極的な動機づけが行われ、やる気が増幅することから、「動機づけ要因」と呼ばれています。

動機づけ要因が満たされている状態と、衛生要因が満たされている状態とはまったく異質なものです。やる気を引き出すには、衛生要因が満たされるだけでは足りず、動機づけ要因が働く必要があります。一方、動機づけ要因だけを増やしても、衛生要因が満たされていなければ、従業員の不満が高まっていきます。言い換えれば、衛生要因を満たすことは、やる気を引き出すための前提条件と言えるでしょう。

〔図表4　やる気・モチベーションの2要因〕

やる気・モチベーションの2要因	
衛生要因	動機づけ要因
■休日、休暇 ■給与、手当 ■気分転換 ■福利厚生など	①自分なりの目標 ②腕や技が磨ける ③周囲に認められている ④社会的に認められている

企業が業績を伸ばすには、不満足要因である衛生要因を満たした上で、満足要因である動機づけ要因をいかに具体化していくかが重要になります。

不機嫌な職場での主となっている考え方は、個人的に評価されて給与が上がり、自由な働き方をしたいというものです。他者との関りにおいて自分が何らかの貢献をするという意識はありません。衛生要因のみを考えています。動機づけ要因である周囲に認められていること、そして、相手を認めていることの大切さに気づいていないのです。だから、他者に思いやりのある言動をすることがありません。自分を大切にするのだけれど、相手を大切にすることはありません。

上機嫌な職場にするためには、相手から認められることを目的とした動機づけ要因を数多く実践することです。しかしながら、その動機づけ要因は、体験がないと実践することができません。その体験を楽習チームビルディングで体験中心に教えるのです。そこで学んだことをチームで実践すると動機づけ要因が充たされてきます。

コラム【ハーズバーグの２要因理論（動機づけ・衛生理論）とマズローの欲求５段階説】

ハーズバーグの２要因理論はマズローの欲求５段階説と共通する考え方があります。簡単に確認しておきましょう。

【動機づけ要因】

仕事の満足に関わるのは、仕事内容、達成感、承認、責任、昇進、成長の可能性などです。これらが満たされると人は職務満足を覚えますが、欠けていたとしても職務不満足を引き起こすわけではありません。動機づけ要因は、マズローの欲求５段階説でいう「自己実現欲求」、「尊厳欲求」、そして「社会的欲求」の一部に当たる欲求を満たすもので、精神的満足に繋がります。

【衛生要因】

職務不満足に関わるのは、会社方針や職場環境、給与、対人関係などです。これらが充たされないと職務不満足を引き起こします。ただし、充たされたとしても職務満足につながるわけではありません。単に職務不満足を解消するに留まり、積極的に職務満足を与えるわけではありません。

衛生要因は、マズローの欲求５段階説でいうと「生理的欲求」、「安全欲求」、そして「社会的欲求」の一部の欲求を満たすもので、どちらかというと物質的満足の要素が多いようです。

●どんな企業研修をするべきか

私は人間力を高める研修とマネジメントなどの技術を高める研修の両方を企業で教えています。人間力を高める研修を実施していると、反発して来る受講者がいました。そんなことをしても業績は上がらないから、実践的な研修をして欲しいという反発です。

私の信念は違います。いかに技術があろうとも、本人の心の持ち方が間違っていると業績向上をすることができません。だから、人間力を高めておかないとならないのです。教育とは正しい心のあり方を教えることなのです。正しい心のあり方があるからこそ、技術が生かされるのです。この順番を間違えてはなりません。

孔子が教えた学問には大きく2つあるそうです。「人間学」と「事務学」です。「人間学」は徳性を育てる学問で、これを「本学」というそうです。人間として一番の基礎となる徳を磨く学問だから「本学」と言うそうです。それに対して「事務学」は知識技術を習得する学問で、「末学」というそうです。知識や技術は重要なものであるけれど、木で言えば枝葉に当たる部分だから「末学」というわけです。

企業研修のカリキュラムの中に人間力を高めるものは入っているでしょうか。知識伝達、技術力アップだけの研修では、業績は向上しないのです。武器をどんなに与えても、それを使う人間の心が育っていなければ正しく使いこなすことができないからです。

ある会社で本学をずっと継続して教えてきました。毎月1回の創業経営者の研修でした。ところが、創業経営者が亡くなって、社員の要望で、事務学のみを教えるようになりました。どうなったと思いますか。その会社は倒産しました。武器をどんなに持ったとしても、本学の土台がない事務学は使い方を間違うようになります。そして、相手も自分も傷つける道具になるのです。たとえば、経費削減は重要です。事務学だけだと、人件費を問題として、どんどん人を切るようになります。すると、よい人材が会社から去っていきます。前述の倒産した会社がこのケースに該当しました。本学を学んでいると、人件費よりも先に、削れる経費はないか考えます。人件費に手を付けるのは最後です。人件費は経費でなく売上を生み出す投資だと考えることができるようになります。

●ホーソン実験

自分の会社がうまくいかないのは、組織のつくり方が間違っているからだと思って新しい組織論を取り入れている経営者がいました。新しい組織論とはホラクラシー組織、ティール組織などです。その会社はどうなったかというと、退職者がどんどん増えていきました。業績も急降下しました。何を間違っていたのか。それは、今の組織がどうしてうまくいっていないのか原因をわかっていなかったからです。そんなときこと、新しいものではなく、古典の中にヒントがあります。たとえば、「人間関係論」のホーソン実験です。

アメリカ、シカゴ郊外にあるウエスタン・エレクトリック社のホーソン工場は、３万人近い従業員を擁する大工場でした。賃金もよく、娯楽設備や医療制度も整備されていました。しかし、従業員の間には不平不満がみなぎり、作業効率が向上しませんでした。その原因は何なのか、経営者にはまったく理解できませんでした。

そこでハーバード大学のメイヨー教授らが調査をすることになり、原因を調べるために一連の実験を行いました。リレー組み立て実験、バンク配線作業実験、面接調査などです。1924年のことです。これらの実験の結果、作業能率や生産性を向上させるカギは、作業環境や労働条件よりも、従業員の態度であり、職場の人間関係ではないかという結論に達しました。このころの経営者や研究者は「人間は機械と同じ、生産するための道具である」といったスタンスで管理をしており、人間の感情や職場の人間関係という発想はありませんでした。メイヨーらは実験をもとに、人間の気持ちや職場の人間関係を重視した管理が必要だと主張したのです。

ホーソン実験からわかることがあります。たとえば、人の感情をつかまないまま、新組織を導入すると、かえって弊害になり、退職者の増加と業績の急降下を招くのです。退職者が増加したその会社の課題点は職場の空気でした。管理職たちの対話のときの表情は部下を見下したような表情でした。社内では冷たい視線とディスカウントの言葉が横行していました。不機嫌があふれる職場でした。経営者が「できないなら辞めろ」「やる気がない奴は降格だ」と個別ミーティングで部下に伝えていました。

このような企業の風土だと、どんなによい組織論を取り入れても失敗します。〝人は論理でなく感情で動く〟このセオリーを、その経営者は知らなかったのです。

●社員を愛すること

西洋の本を読んでいると愛が大切だと書いてあります。聖書では〝隣人を愛しなさい〟と書かれています。

本田哲郎神父の著書の「釜ヶ崎と福音」にその深い意味が書いてありました。隣人愛とは、これは身近な人を愛しなさいということではなく、協力を必要としている人の隣人にあなたがなって、その人を大切にしなさいという意味です。

聖書の教え全体の要約といわれる行為です。

私たちがふつう愛という言葉を使うとき、イメージしているのはギリシャ語のエロスです。家族の愛や夫婦の愛、恋人同士の愛、あるいは親が子どもを、子どもが親を愛すること、それらをすべて含むのがエロスの愛です。それに対して、家族と同じとまではいかないけれども、友だちとして好ましく思う気持ち、信頼によって引き合うエネルギーもあります。これをギリシャ語ではフィリアといって区別します。好きな仲間、友情という意味があります。

聖書に出てくる愛と訳しているギリシャ語は、エロスでも

> **コラム【ホーソン実験の時代背景とテイラーシステム】**
>
> ホーソン実験が行われた時期は「狂乱の 20 年代」と呼ばれ、アメリカは第一次世界大戦後の好景気で製造業が急速に拡大しました。有名なテイラーシステムはそのような時代背景で誕生しています。テイラーは、工場での１日の作業量や作業手順をマニュアル化し、誰でも一定の作業ができるシステム構築を提唱しました。人間性を無視したシステムだという批判もありますが、このシステムを採用したフォードでは工場の生産を維持しながら労働時間の短縮に成功するなどの長所もあり、今日でも広く活用されています。

なければ、フィリアでもありません。アガペーです。そのアガペーは何かといえば、大切にするということです。隣人を愛しなさいというのは、自分自身が大切なように、隣人を大切にしなさいという意味なのです。

不機嫌な職場で欠けているのは、このアガペーの愛なのです。職場でチームメンバーが、アガペーの愛で接することができるようになると、上機嫌な職場に変化します。すると、お互いを大切にするちょっとした気配りの言動ができるようになります。お互いに助け合い、学び合い、協力し合う空気ができあがってきます。

4　楽習チームビルディング研修の成功事例

●楽習チームビルディング研修がなぜ必要か

戦後学校教育は「工場モデル」と言われ、画一的な単純作業を行う人を育成するプログラムが中心でした。社員研修で主流となっている講師が一方的に話をする「工場モデル」は「真面目で、受け身的な学習で、つまらなく、競争する」ことが特徴です。

一方、「楽習モデル」は「明るく、笑いがあり、出会いがあり、動きがある」教育方法です。主役は受講生です。受講生が「気づき」、「学ぶ」ことにより、笑いを持ち、お互いの理解を深めあい、成長することができます。（参考：ラーニングピラミッド）

〔図表5　教え方別の記憶にとどまる割合〕

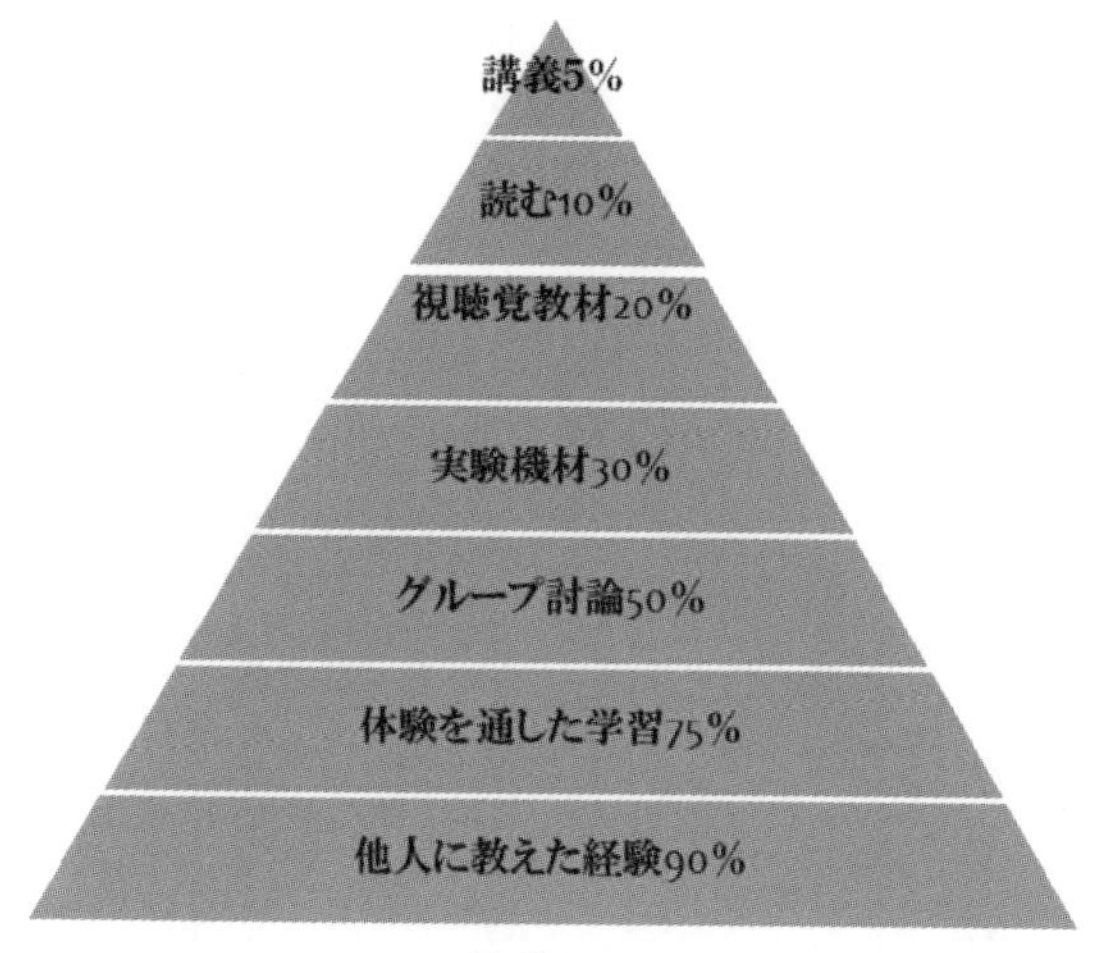

（出典：National Training Laboratories）

体験を通して実習を繰り返すのが楽習チームビルディング研修の特徴の1つです。このような研修のノウハウを学んで活用できると、コミュニケーションの活性化ができて、よりよき人間関係を構築することができるのです。

そして、研修だけで終わらずにチーム内での繰り返し行動を起こさせるためには、研修そのものを楽しく学び合う仕掛けが必要なのです。人は楽しいことしか繰り返さないという習性があります。楽習チームビルディング研修の特徴の2つ目は楽しいことなのです。

また、会社の業績を上げるためには、それぞれの部署のチームで働く従業員たちの生産性を向上させて、チームとして最大の成果を出す必要があります。チームワークを向上させる研修のみだと、現状の個々の能力の向上はできません。チームの生産性を上げるためには、現状を打破してチームを成長させるチームビルディング研修が欠かせないのです。その活動の中で、個々の能力を向上させることができます。研修を通じて、マネジメント・リーダーシップ・コミュニケーションを学びながら実践していくのが楽習チームビルディング研修なのです。

楽習チームビルディングの学びのセオリー

①人は学びたいことしか学ばない。
②積極的に参加意欲を持つと学びの質、量が飛躍的に増える。
③学ぶ意味、価値を認めると、積極的に学ぶ。
④安心して学べる環境が必要。
⑤協力して学ぶと効果は高い。
⑥振り返りとフィードバックがあるとよく学べる。
⑦互いにたたえあったり、教えあったりするとよく学べる。

●楽習チームビルディングインストラクターの心がまえ

楽習チームビルディングインストラクターの心がまえというものがあります。

「私は、相手を明るく元気にすること、夢や希望を与えることを常に考えて、受講者に接します。

具体的には、『ねぎらい、共感、好意的感嘆、笑顔、激励・応援、承認、よい点の指摘、プラスの可能性の示唆、感謝』などを活用します」。

・**「受講者に接する心がまえ10か条」**

★受講者に思いやりを持つ
★受講者に笑顔と優しいまなざしを持って接する
★受講者をかけがえのないくらいに大切に思う
★受講者を応援する
★受講者の気持ちになる
★受講者がうまくいかなったとしても頑張ったことを褒める
★受講者を明るく元気にする
★受講者の未来に希望や夢を与える
★受講者と一緒にいることを楽しむ
★受講者に感謝の気持ちを持つ

この心がまえで教えていると、お互いの信頼関係ができるので、よい学びの場を築くことができます。

実際にこの心がまえを声に出して宣言するインストラクターもいます。受講者とインストラクターとの心の距離が近くなる効果があります。

●業績が前年比アップのレストランのエピソード

私が社員研修を任されているレストラン企業があります。店長や副店長の研修を5年間続けています。いつも研修の最初のカリキュラムは、お互いの関係性を高める研修を実施しています。楽習チームビルディング研修を受講する前は、働く人どうしの不平や不満があったそうです。

ところが、今ではお互いに関心を持ち、感謝の気持ちを込めた会話ができるようになったので、不平や不満がなくなったそうです。心からの「ありがとう」を笑顔で言い合えるレストランになりました。

たとえば、オーダーストップの時間が過ぎても、お客様からのオーダーが入ると接客担当者が厨房に連絡してOKをもらい、笑顔でお客様の注文を受けられるようになりました。誰もが、お客様に感謝の気持ちがあるので、自然とこのような行動ができるのです。

そして、コックさんも心を込めて「ありがとう」の気持ちで調理をしているので美味しいと評判になり、テレビ中継もされて開店の1時間前からお客様が並ぶレストランになっているそうです。業績も急上昇して、昨年比で売上が約15％以上伸びています。経営者自身も働いてくれている社員に「ありがとう」を伝えています。

●社員の離職率が5年前の3分の1になったサービス業

チームビルディング研修を5年間にわたって、全社員に実施している会社があります。そこの経営者が語ってくれました。

「研修の効果はたくさんあるけれど、何より簡単に辞めなくなった。離職率が大幅に低下して、おそらく、５年前の３分の１くらいになっているだろう。どんなによい人材を採用しても、以前は、ザルで水をすくうように辞めていく社員が多かった。研修の効果をまざまざと感じている。研修にはこれからも力を入れていくつもりだ。自分自身も感謝の心を伝えていく」

昨今の労働事情を鑑みても、中小企業は社員を辞めさせないで継続して働いてもらうことができるかが、業績を維持向上する大きなカギになるでしょう。この会社が、ますます発展するのは間違いありません。

●保育士さんが明るく元気に働く保育園

保育園の経営者からの直接の依頼で、ホメホメトランプを使ったチームビルディング研修を実施しました。お互いを褒め言葉が書いてあるトランプで褒め合う実習をしました。最高の笑顔になりました。これまで1番笑顔の多かった研修になったそうです。お互いを褒め合う時間がなかなか取れなかった保育士さんたちが、この研修をきっかけにお互いを褒め合うようになりました。定着率が向上したそうです。

このホメホメトランプは小学校や中学校の授業でも使われていて、褒めるのが上手にできるようになるトランプです。

コラム【脳の安定化志向と可塑性】

私たちの脳には、「安定化志向」と「可塑性」という大きな２つの特徴があります。

よく聞く事例ですが、研修やセミナーに参加した人がまるで別人になったように周囲から見られることがあります。大人しく物静かだった人が話好きで社交的な人に変わり、大きな声で自分の考えを堂々と主張するようになったりします。ところが、1週間が過ぎ、2週間が過ぎたころには、元の大人しく物静かな人に戻ってしまった、という類の話です。

人は、それまで抑制していた自分自身、たとえば本当はたくさんの意見やアイデアをもっているのに周囲に遠慮して言い出せない、という人が研修やセミナーの場で大きな刺激を受け、抑制されてきた自分を解放する体験をしたような場合に変化します。本人にとって、これまで抑えてきた自分を解放させることはとても気分がよく、成長したように感じます。これまでの自分と決別して生まれ変わった自分で生きていきたい、と心から望むことでしょう。ところが、生まれ変わった自分で生活を続けることに慣れていないのです。時には自分に無理を強いてしまうこともあるでしょう。

そうすると、「前のままでいた方が楽だ」、「無理して変えることなんかない」という意識が働きだします。その結果、せっかく研修で見つけだした本当の自分、過去よりも価値があると思える自分よりも、これまでと同じ、少し価値がないように思えるけれど楽なままの自分でもいいと思ってしまうのです。

これを「脳の安定化志向」と呼びます。

理屈でわかっていて、客観的に考えれば価値があるとしても、新しいことを取り入れることや、今まで経験したことがないことを避けて、これまでどおりの慣れ親しんだ生活や習慣を続けることを選ぶ志向を表します。

たとえば、お酒を飲みすぎることや、たばこを吸うことは体によくないことは誰でも知っているでしょう。

ところが、お酒を飲みすぎる人は宴会などに出席すると、やはりお酒を飲みすぎてしまうことを経験します。たばこを吸う人で、一度は禁煙を決意したけれど挫折して、再びたばこを吸っている人はたくさんいます。

「今がよくないことはわかっているけど、変えるのは面倒だ」、「やっぱり習慣だから変えられない」
と考えてしまうのです。そして、よいことだとわかっているのに変えられないのです。

しかし、これは無理もないことです。「脳の安定化志向」を理解していないからです。朝は笑顔であいさつすれば、職場の皆も気持ちよく仕事ができることはわかっています。でもうまくできない、続かないのは、それまでの自分のイメージを突然大きく変えることを「脳の安定化志向」が邪魔するからです。

一方で脳には「可塑性」があります。「可塑性」とは「変化しやすさ」を表す言葉です。この場合は「少しずつなら変えられる」と理解するのがいいでしょう。

脳は急激な変化には抵抗があっても、少しずつ変わることには順応性を発揮します。

研修は１度きりでは効果が出ないと言われるのは、研修を受ける側にこうした脳の特徴が理解されていないからです。苦虫を噛み潰したような表情に慣れた管理職や年配者は、いきなり、人には笑顔で接しましょうと教わっても実行できません。

ところが笑顔の実習を継続していくうちに、慣れてきて笑顔がでるようになります。

笑顔がふえると周囲の人の接し方も変わってきます。そのうちに、笑顔でいることの価値がどうこうよりも、単純にその方が気持ちいいことがわかるのです。

職場に笑顔が増えてくれば、業務にもいい影響が出てきます。

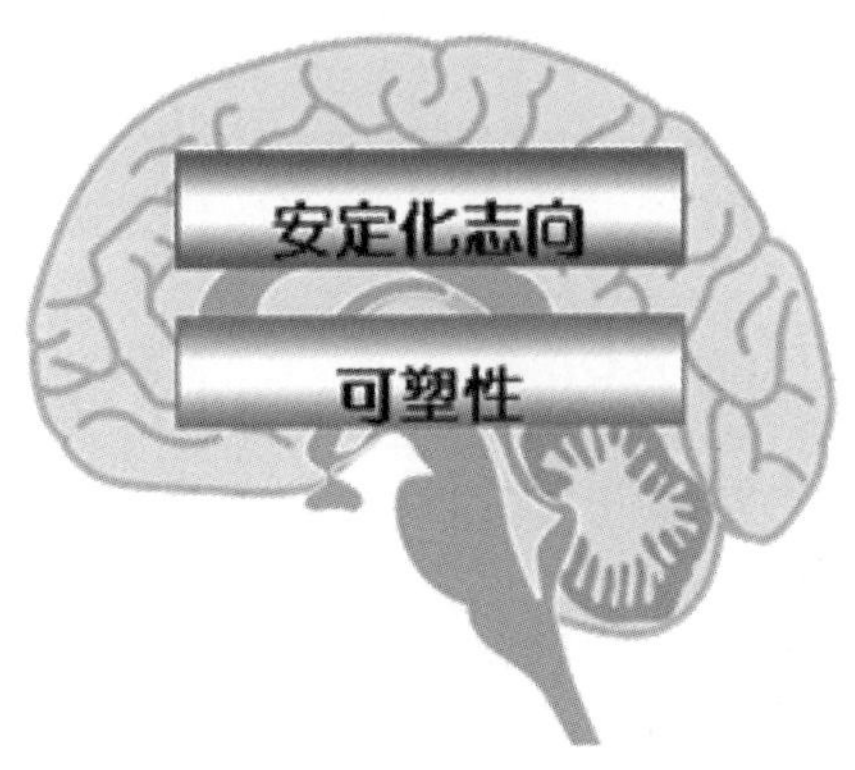

安定化志向と可塑性の関係は振り子のようなものです。一方に振れると必ず逆方向に振れます。一方が改善したい方向で片方は現状維持の方向です。

この関係を理解し、最初は小さな振れから始めます。振れ戻しの影響が小さなもので済むように、です。そして徐々に大きく振りながら、改善したい方向に振れの中心そのものをずらしていくのです。そうすれば悪い方向に振れても小さな影響で済ませることができます。反対によい方向に振れたときのよい影響を利用して、さらに振れの中心をよい方向にずらすのです。

楽習チームビルディングは、この「脳の安定化志向と可塑性」という特徴を理解し、実習をふんだんに使って職場風土の改善を目的とします。

第2章　これだけでもチームがよくなる基本のチームビルディング

1　お互いに楽しく関心を持つ

お互いに関心を持つことが楽習チームビルディングのスタートになります。ただ、これまで他の人に関心を持つという言動をしたことがない人に向かって、「相手に関心を持ちなさい」と言っても、なんの効果もありません。やったことがないことはできないからです。だから、相手に関心を持って会話をする時間を楽しく体験させることです。すると、それをきっかけにチームの中での会話が活発にできるようになります。簡単にできて効果的な方法があります。

●最近うれしかったこと

「自己紹介をお願いします」と言われると、緊張してうまく話せないものです。何を話そうか迷ってしまいます。新入社員だと、まるで採用面接のときと同じように学校名やクラブ活動などを話しています。これを聞いている他の新入社員も緊張してきます。緊張感あふれる場所は居心地が悪くて、そこから逃げ出したくなります。無意識にいたくないと思わせてしまうのです。それが積み重なると、会社にいることが嫌になるのです。

他部署のメンバーが集まったプロジェクトなどでのキックオフミーティングなどの自己紹介も経歴やキャリアなどの話だと重苦しい雰囲気になりがちです。

自己紹介は大切だけれど、その話すテーマを相手に任せないことです。共通のテーマにします。基本は名前を話す。どこから来たか（出身地や住んでいるところ）、最後に、最近うれしかったことの３つです。この順番に話していくのです。ポイントはうれしかったことです。うれしいことを話しているときは、誰もが笑顔になっています。聞いている方も笑顔になります。すると、その場が心地よい場所に変わっていくのです。上機嫌な職場にする第一歩は、うれしかったことを話す機会をつくることなのです。

チームリーダーが、ミーティングを主催するようなケースでは、最初にうれしかったことを話すことからスタートすると場がなごんできます。うれしかったことは、毎回、違っているのでミーティングのたびに実施してもかまいません。その後のミーティングが活発な意見が出る場になります。そして、幹部社員が部下と昼食をするようなときも同様です。会社の方針や社員として期待すること、やるべきことばかりなどを話してはいけません。幹部社員自ら、自分の好きなこと、家族のことなどを話すのです。そして、新入社員時代に失敗したことなどを話したほうが、社員との心の距離が近づいてきます。

ある経営者は、自分の小学生の娘とトランプをしたことをうれしそうに話していました。小学校３年生の娘を含めた家族でババ抜きをすると、娘が勝つまで何度もババ抜きをすることになるそうです。そのことが楽しいと話していました。それを聞いた部下の社員と打ち解けることができました。何気なく、家族を大切にしていることや人の気持ちがわかることを伝えているからです。

コラム【地獄のランチミーティング】

退職したある社員が話してくれました。退職の決意をしたのが、経営者とのランチミーティングだったそうです。雑談もなく、いきなり、仕事のミスを指摘されて、その改善を求められたそうです。その場で反省を促されて、詰問された1時間を過ごしたそうです。うまくいかなったこと、ダメだったことを自己批判することを強要されたそうです。そのときに、退職を決意したそうです。本人は〝地獄のランチミーティング〟と呼んでいました。その会社では、経営者とマンツーマンで話すと、社員が退職するという言い伝えがあるそうです。

1ON 1ミーティングが大切だと言われています。何のためにやるのか目的を持っていなければなりません。働きやすい職場をいっしょにつくるために、気安く話を聞くことを目的にしていれば、社員の定着率は向上します。「何か大変なことはないですか」「何か助けて欲しいことはないですか」このような質問のできる環境から、チームビルディングが始まるのです。

質問は、何のためにするものでしょうか。鋭い発言をして自分は優秀な人間だと示すためのものでしょうか。そうではありません。相手のことを「知る」ためです。相手のことを少しでも「理解する」ためです。大切なのは、「好意」→「質問」→「共感」のサイクルです。「○○さんは、困っていることはないかな」「○○さんは、どんなことが楽しいのかな」「○○さんの考えを知りたい」好意を持って質問するのです。

しかし、この経営者は、問題点の指摘ばかりをして社員を辞めさせるためのランチミーティングをやっていたのです。もし、この経営者が、最近うれしかったこと、うまくいったこと、困っていることなどを雑談のように気楽にランチミーティングで聞くことができていたら、この社員は辞めなかったでしょう。

●どちらが好きか

人前で話すことが苦手な人がいます。自由に話をしていいと言われても何を話してよいのかわかりません。雑談が苦手なのです。そして、話を聞いている人がどう思うのか不安なのです。否定されたらどうしよう、バカにされたらどうしようと思っているので、話をする機会があっても避けたい気持ちが強いのです。だから、実際の仕事の場面でも、話をするのが苦手なので相手に自分の思いを伝えることがうまくできていません。

そんな人たちでも楽しく話ができる方法があります。テーマを決めて「どちらが好きか」を聞いていくのです。どちらが好きかを言ってから理由を説明することが大切だと伝えておきます。たとえば、「海と山」がテーマだとすると、海か山のどちらが好きかを言ってから、理由を話していくのです。聞くほうは話す人を見て聞くことに集中します。すると、相手が好きな理由がわかって、共感したり、その人の価値観もわかって、その人のことを知ることができます。相手に対する興味や関心が出てきます。

その他のテーマは、たとえば、「いなかと都会」「肉料理と魚料理」「一軒家とマンション」「野球とサッカー」「うどんとそば」などです。人数が多いケースは、5人~7人ずつのグループに分けて、グループの1人に司会進行も任せるようにします。

テーマを変えて繰り返すと、話をするのが楽しくなってきます。好きなことを話しているときの表情は笑顔になっていきます。その笑顔が周りに伝染していくのです。すると、話している人は、その場の人たちが笑顔で聞いてくれているので、受け入れられている自分を感じることができます。話す人、聞く人の両方とも笑顔あふれる上機嫌な場になっていきます。

そして、この実習をすると何を大切にしているのかというお互いの価値観を知ることができます。お互いの価値観を知って、どのような価値観も認めることがチームビルディングの土台になります。自分の価値観だけで相手の善し悪しを判断しないことが重要です。理由を聞くとなるほどと感じるケースも多く、お互いの気心がわかったという意見も出てきます。そして、お互いの共通点も見つけることができるので親しみがわいてきます。

たとえば、「いなかと都会」をテーマにすると、それぞれの故郷の話が出てくるケースがあります。何気なく、相手の育った環境を知ることができるのです。

たとえば、話を聞いて富山出身の人だとわかったら、「富山って水が美味しくてお魚も美味しいのですよね」と、その場で伝えることができます。このような思いやりのある応え方が相手を機嫌よくしていくのです。そして、その笑顔を見ている自分自身も機嫌よくなれるのです。

●子供の頃に好きだった遊び

お互いのことに無関心な職場があります。プライベートは一切、話したくない人もいます。そのような職場でのチームビルディングの第一歩はどうしたらよいかというと、好きをテーマにして楽しく話をすることです。たとえば、子どもの頃に好きだった遊びを聞くのです。〝子どもの頃に好きだったこと〟は何ですかと話し合ってもらうと、気持ちは子ども時代に戻ります。気持ちが子ども時代になっているので、素直に楽しく話をすることができるのです。

ある会社では三角ベースボールの話をする人がいました。ゴム飛びの話をする人もいました。缶蹴りの話をする人もいました。ファミコンの話をする人もいました。それらを聞いて、それぞれが自分もその遊びをしたことを思い出していました。共通の遊びをした体験があると、一気に心の距離が近くなります。その後の仕事での話が弾む効果があるのです。

ところで、ずっと忘れていたのに、ある言葉を聞いたときに、一瞬で思い出すことがあります。このように記憶を呼び起こす言葉を〝アンカー〟と言います。子ども時代に好きだった遊びを言うことでアンカーを呼び起こして、話す人も聞いている人も気持ちも子ども時代になることができるのです。

コラム【アンカーとアンカリング】

アンカーには視覚アンカー、聴覚アンカー、体感覚アンカーなどがありますが、これは外部からの刺激によって感情や体験を呼び起こすものです。言葉を聞くことで記憶が甦ることもそれに当たります。

逆に発声によるアンカーもあります。短いポジティブな言葉を意識して繰り返して、口癖にすることでセルフイメージをポジティブに変えていくことができるのです。これをアンカリングといいます。

アンカリングに最適の言葉があります。それは「ありがとう」です。「ありがとう」を人に対してだけでなく、自分に対してもどんどん使うことで、感謝のエネルギーが湧いてきます。感謝のエネルギーは潜在意識に働きかけ、肯定的なイメージを育てます。そして、感謝のエネルギーはやる気となって潜在意識から湧き上がってくるのです。

●幸せを感じる食べ物

チーム全体の表情を明るくするにはどうしたらよいでしょうか。

すぐできる方法があります。チームのメンバーを集めて、幸せを感じる食べ物をイメージしてもらいます。1つだけにしてもらって、いっせいに全員が大きな声でその食べ物を言います。その後に順番に理由も含めて発表してもらいます。

「焼肉です。なんと言っても好きだからです」「寿司です。ウニが好きなのです」「ケーキです。甘いものが好きだからです」「炊き立てのごはんです。炊き立てのごはんがあれば幸せです」「シュークリームです。シュークリームの食べ放題を体験したいくらいです」などの発表をしてくれます。

「幸せって何ですか」と聞くと、難しくなります。ほとんどの人は、何が幸せなのか具体的に考えていないからです。具体的でないものをイメージすることはできません。だから、幸せをイメージすることは難しいのです。

しかし、幸せを感じる食べ物をイメージしてくださいと言うと、食べ物はイメージできるので、その食べ物を食べたときの幸せの感情を思い出すことができます。幸せな感情を思い出すので幸せな表情と言動になっています。それを見ているチームメンバーの表情も言葉も幸せ感あふれるようになっています。

そして、チームメンバーの好きな食べ物もわかるので、チームリーダーは、メンバーの好きなものを覚えておいて、一緒に食べるような機会をつくってあげてもいいのかもしれません。

表情が暗い人は、周りに不機嫌を振りまいています。周りに不幸を振りまいています。そのことに気づかないでいるのです。だから、お互いに話をするのをためらってしまうのです。だから、チームメンバーがそばに来ることがありません。それだけでなく、おそらく、幸運の女神さまも、そばに来るのをためらってしまうでしょう。そんな人の表情を明るくし心を幸せにすることができるのが幸せを感じる食べ物を聞くことなのです。

●どちらが好きか〝見える化〟体験

「人は考え方が違うのだから、お互いの考え方を尊重しましょう」って言われたことはありませんか。こう言われたとしても考え方が違う体験をしていないと

コラム【職場でお菓子】

コーヒーサーバーが職場に置いてあるのだったら、その横にテーブルを置いてお菓子を常備しておくと雑談ができるチームになっていきます。雑談には、お菓子の効果は絶大です。

雑談はチームビルディングに欠かせない要素です。お互いのことを知るために雑談を促進する環境をつくることです。

研修会場では、お菓子を用意しているインストラクターがいます。疲れた頭や心を癒してもらうためと、受講生同士が雑談できる場をつくるためです。研修では、同じ会社に勤めていても、その日初めて会うという人もいます。あいさつや自己紹介も満足にできないうちに研修が始まってしまうこともあります。

そのようなときでも、休憩時間にお菓子を用意してあると、自然に会話が生まれます。お菓子がきっかけで雑談がはじまるのです。お菓子をつまみながらの雑談では、誰もが笑顔です。そうして、研修の雰囲気が打ち解けたものになるのです。

腑に落ちていません。体験しないとイメージできないのです。どのように違うかを〝見える化〟すると、イメージしやすくなります。五感でもわかることになります。

チームメンバーが広めの部屋の中央で縦の1列になります。チームリーダーが、どちらが好きかの選択問題を言います。そのテーマの好きなレベルを3段階にして横に移動をします。レベルは、とても大好きが最高の3レベル、好きが2レベル、どちらかというと○○より好きが1レベルです。たとえば、うどんとそばのどちらが好きかという選択問題があったとします。うどんが大好きな人はレベル3なので右側に3歩移動します。好きな人はレベル2なので2歩右側に移動、どちらかというとそばより好きな人はレベル1なので1歩右側に移動するのです。同じようにそばが好きな人は左側で3段階の移動をします。どちらも同じくらい好き、もしくはどちらも嫌いな人はそのままの位置にいます。

この行動実習によって、好みの違い、価値観の違いなどを体感できます。人はそれぞれに違う考え方をしていること、違った価値観を持っていることを見える化で体感することができます。

コミュニケーションのトラブルは、相手が自分と同じ考え方をしていると、勝手に解釈することが原因の1つです。

たとえば、うどんかそばのどちらが好きかと聞かれたときに、うどんが好きな人は、世の中の大半の人は自分と同じようにうどんが好きと思ってしまっているのです。自分と相手は違うという前提に立つと、伝える努力をしなければならないことにも気づくことができるのです。

2　笑顔で接する

働いていて気持ちのよいチームには笑顔の会話があります。チームリーダーは笑顔のあるチームをつくることができたら、チームビルディングの土台ができていると思っていいでしょう。そのために笑顔の大切さを教えることが大切です。

●優しさの表現は笑顔

笑顔の大切さを教えているときに、ある言葉を聞いて気づいてくれた人がいました。それは、「笑顔も給料のうち。笑顔になることも仕事」という言葉です。それまでは勘違いをしていたそうです。笑顔になることを教えられても、マナーの1つであって、アドバイス程度と軽く感じていたそうです。つまり、仕事の大切な要素でもなく、笑顔が重要だとも思っていなかったのです。

会社のマニュアルや就業規則に、あいさつの義務や笑顔で接することが記載されている会社がほとんどです。つまり笑顔になることは会社のルールなのです。会社のルールだから守らないとしたら、給料を下げられても文句は言えないのです。

特に、サービス業では、笑顔があるかどうかで、お客様が固定客になっていただけるかどうかが決まります。笑顔も仕事、給料のうちなのです。だから、心からの笑顔になるように努力して練習しないとならないのです。百貨店などの小売業では毎朝、朝礼で接客用語と笑顔を繰り返して実施しています。毎日の継続の効果は大きくて、新入社員も半年ほどたつと素敵な笑顔に変貌しています。本気でやるか、継続だけの問題です。

一緒に過ごす働く仲間も笑顔のない人よりも、笑顔の素敵な人がよいはずです。いつも、しかめっ面の上司、機嫌の悪い部下に囲まれた職場に行くのは誰もが嫌になるはずです。笑顔は仕事と思って笑顔になることです。

ところで、しかめっ面の上司も、本当は、心は暖かいのかもしれません。機嫌が悪く見える部下も、心は楽しんでいるのかもしれません。笑顔の練習をしていないので、周りの人から勘違いをされている人がいるのです。表情筋が固まっていて、笑顔になったとしても笑っていない人がいるのです。チームを不機嫌にするのは笑顔のない表情、上機嫌にするのは笑顔のある表情だと断言してもいいと思っています。たった2秒で誰もができる優しさの表現は笑顔なのです。

●歯磨き笑顔体操やってみませんか

笑顔があるチームだと安心して、その場にいることができます。しかしながら、笑顔がない不機嫌なチーム、職場がほとんどです。チームのメンバーが笑顔でいたら、不機嫌がなくなっていきます。それには、笑顔の重要性を教えるだけでなく、笑顔のつくり方を教えないとなりません。チームメンバーは笑顔のつくり方を学んだことも教えてもらったこともないのです。それでいて笑顔をつくりなさいと言われても、ムリなのです。相手が嬉しくなる笑顔が簡単にできる方法を学んで、笑顔習慣を身に付ける必要があります。

簡単に笑顔が上達する〝歯磨き笑顔体操〟があります。手に歯ブラシを持っているイメージで、口角を上げて前歯を見せて歯磨きをするのです。次のようにチームリーダーが伝えます。①手に歯ブラシを持ってください。②口角を上げて前歯を磨いてください③「はい、にこにここにこ！」全員で5秒間続けます。その場で、笑顔のよい人を見つけて、その人を指名してモデルになってもらいます。そして、同じことを5秒間続けます。

笑顔も技術です。毎日、続けることによりチームの笑顔の基準ができあがります。最高の笑顔のできる人が基準となり、その基準まで笑顔を引き上げることができるのです。鏡を見ながら歯磨き笑顔実習をすると、自分の笑顔を確認しながら笑顔の練習ができます。歯磨き笑顔実習を毎日の歯磨きのときに5秒でよいので続けましょう。ほとんどの人は歯磨きの習慣があるので、追加の歯磨き笑顔体操の習慣は簡単にできます。毎日続けると無意識に笑顔になることができます。笑顔習慣が身に付くのです。

●笑顔を促進する早口言葉

笑顔体操をやっても表情筋が硬くなっていて笑顔になっていないケースがあります。その対策として、早口言葉で練習すると、表情筋を柔らかくしてくれる効果があります。やり方は簡単です。「生麦、生米、生卵」「赤巻紙、青巻紙、黄巻紙」などの早口言葉を早口で3回連続で言うのです。表情筋が柔らかくなり笑顔の表情がよくなります。

1人で練習しても効果がありますが、チームメンバー全員でやると、早口言葉で失敗しても、それを見ているメンバーは心からの楽しい笑顔になることができます。失敗したこともお互いに笑い合えるような安全・安心な場をつくりながらチームメンバーの絆を強くする効果があります。チームメンバーどうしの対抗戦にして、優勝者に賞品をあげると盛り上がって楽しくなります。チームビルディングは、このような明るい場の共有の積み重ねで築かれていきます。

コラム【楽習チームビルディングの必要性　「せっかく採用した社員が辞めていく」】

せっかく採用した新入社員が辞めていくケースがあります。どんな研修をすればよいのでしょうか。新入社員の本音を聞いたことがあります。今の新入社員は親に何と言われて会社に入社してくるのかアンケートで聞いたのです。

「死に物狂いで働きたいから、この会社に入った」という新入社員はいません。親からは「パワーハラスメントの会社だったら、すぐ辞めて家に戻っておいで」と言われて、新入社員研修に参加しています。7割以上がそう言われて新入社員研修に参加しているというのがアンケートの結果でした。

そのような新入社員を対象に、昔ながらの大声のあいさつ訓練、そして、時間厳守としつけ重視の厳しすぎる新入研修は逆効果です。その場で「研修が終わったら辞めよう」と決意させるだけだからです。

新入社員たちが楽しくて笑顔になれる楽習チームビルディングが最適なのです。新入社員研修だけでなく、人がどんどん辞めていく職場でも楽習チームビルディングは効果的なのです。

3　重要感を持たせる

あいさつしない、名前を呼んでも返事がない、そもそも会話をしないチームがあります。コミュニケーションはメールでのやり取りになっています。歩いて1メートルのところに座っている者どうしが、メールでやり取りをしています。

あいさつは、私はあなたのことを認めています。尊重していますという気持ちを伝えることができます。もし、あいさつをしないと、相手は無視されていると思ってしまいます。

●アイコンタクト・笑顔・握手はビタミン愛

あいさつをしない職場は、お互いの無関心がさらに強化されていきます。同じチームにいたとしても、朝から何の会話もない1日を過ごしたとしたら、関係性が希薄になっていきます。

ザイアンスの法則（ザイアンスの単純接触効果）があります。①人は知らない人には攻撃的、冷淡な対応をする。②人は会えば会うほど好意を持つようになる。③人は相手の人間的な側面を知ったとき、より強く相手に好意を持つようになる。というものです。あいさつを交わしていないと、お互いの不信感が増長されていくかもしれません。「あの人が声をかけてくれないのは、私のことを嫌っているからだ」と思う人もいます。本当は、あいさつをする習慣がなかっただけだったとしても、相手はそう思ってしまうのです。

そして、あいさつをしない職場であいさつの重要性を説いても、行動に結びつきません。実際に、何度も繰り返して訓練するのです。それも楽しく繰り返さないと、心からの笑顔のあいさつになりません。あいさつの訓練というと、大きな声で何度も繰り返し発声をさせるケースが多いです。これをやると、相手に怖い顔で怒鳴るようなあいさつをする人もいます。これだと逆効果です。

たった1分間で、その場のみんなが明るく元気になり、今日もやるぞという気持ちになる方法があります。それは、笑顔になって、アイコンタクトをしっかりとして、握手をして、「よろしくお願いいたします」とあいさつをするのです。

チームリーダーが明るく、元気よく、次のように話します。

「さあ、今日も明るく握手からスタートしましょう。笑顔、アイコンタクト、そして、よろしくお願いいたしますとあいさつをしながら握手をしましょう。時間は1分間です。全員と握手をしましょう。同じ人と何度も握手をしてもかまいません。自分からどんどんやっていきましょう。私がスタートと言ったら始めます。それではスタート」

この方法には、人にとってうれしいと言われているストロークが4つも入っています。だから効果が大きいのです。ストロークとは相手の存在・価値・行動を認めているということを伝える何らかの行動や働きかけと定義されています。具体的には、にっこりとほほ笑む、話をする、あいさつをする、話を聞いてあげる、握手する、応援する、励ますなどです。共通しているのは、相手の存在を認め、現状を肯定的にとらえて認める、そして、それを相手に伝えることです。このストロークが生み出すものは、自信・安心感・信頼感・幸福感です。もっと一緒にいたい、もっと話をしたい、ともに歩きたい、さらに、自信がつく、やる気になる、そういう気持ちにさせるものなのです。

特にアイコンタクトがポイントです。アイコンタクトがあると、ビタミンをもらうことができます。ビタミンCでもなく、ビタミンAでもありません。アイコンタクトは愛を込めて、そう、ビタミンI（愛）をプレゼントする気持ちを込めておこないましょう。

●あいさつをしないと相手はどう思うか

職場であいさつをしないのは、あいさつをしなくても問題はないと思っているからです。相手がどう思うか想像したことがないからです。相手がどう思うかがわかっていなくて、相手から嫌われている人がいます。上司からはあいさつもできないダメな奴だと思われてしまっている人もいます。もし、そのことに気づくことができたら、あいさつをするようになるでしょう。簡単な方法があります。

チームリーダーが「職場であいさつをしなかったらチームメンバーはどう思うか」と全員に聞いていきます。書記役を決めて出てくる答えをホワイトボードに書いていきます。「やる気がない」、「話したくない」「仕事を頼みたくない」「仕事を教えたくない」「信頼できない」「大丈夫か心配になる」「一緒にいたくない」「無視する」「距離を置く」「疎遠になる」などが出てきます。

同じやり方で、チームリーダーは「職場で明るいあいさつをするとチームメンバーはどう思うか」と聞いていきます。「もっと話をしたくなる」「困っていると助けたくなる」「教えたくなる」「もっと話を聞きたくなる」「関心を持つようになる」「打ち解け合いたくなる」「かわいがる」「よい仕事を与えたい」「チャンスを与えたくなる」「仕事を任せる」などです。

2つの答えが出てきたら、それぞれを書記役の人に読んでもらいます。チームメンバーはそれを聞いて、あいさつをするのとしないのとでは大きな違いがあることを体感することができます。あいさつをしないと相手がどう思うかをしっかりと心で感じることができます。チームビルディングの土台は、相手を認めて尊重することです。あいさつはそのために欠かせない行動の1つです。

たとえば、あいさつがよいと評価を上げるという上司が多いです。あいさつがよいと仕事もできていると勘違いをしてしまうからです。これはハロー効果といって、評価エラーの1つだと言われています。しかし、あいさつは職場の空気を上機嫌にするという効果が大きいのだとしたら、このことを評価して高い評価をつけるべきだと思っています。あいさつを明るく元気よくする人を高い評価にするとチーム力は向上します。

●なぜあいさつをしないとならないか

あいさつをしない人がいます。そんなことは仕事に関係ないと思っているのかもしれません。あいさつをするメリットとあいさつをしないデメリットを体感する方法があります。

最初に会社であいさつをしないと上司はどう思うかを1人ずつ聞いていきます。その中の1つを選んで、たとえば、「やる気がないと思われる」と答えが出てきたとしたら、それをさらに別の人に「すると、どんな悪いことが起こると思いますか」と聞くのです。すると「仕事を教えてもらえない」などの答えが出てきます。「するとどんな悪いことが起こると思いますか」と同じ質問を繰り返してしていきます。何度も繰り返すと、最後は不幸な人生になる結末で終わります。

次に、会社であいさつをすると上司はどう思うかを聞いていきます。たとえば、「やる気があると思われる」と答えが出てきます。その後に質問をします。「すると、どんなよいことが起こると思いますか」と聞くのです。すると、「仕事を教えてもらえる」と答えが出てきます。「するとどんなよいことが起こると思いますか」と同じ質問を繰り返していきます。何度も繰り返すと、最後は、幸せな人生になる結末で終わります。

この体験は、幸せな人生と不幸な人生のイメージを思い描くことができるので効果的です。誰もが幸せになりたいと思っています。幸せになるためにやることは、そんなに難しいことではありません。あいさつ、ハイの返事、笑顔、そして、相手の話を聞くときのうなずきやあいづちなどです。このことに気づいて、相手に対して思いやりのある態度で接している人は幸せになれるのです。

オグ・マンディーノの「その後の世界最強の商人」の一節をご紹介します。

〝日々の人々との交流の中で愛情や賞賛を獲得するのは、常日頃の言葉や、話し方、しぐさ、顔つきなどを通して繰り返される、心のこもった小さな行為によってであることを、私は知っている〟

〝私は不機嫌で、しかめ面をして怒りの目をしていたために、何年もの間、好機を逃してきた。微笑と優しい言葉を使っていれば、多くのドアが開き、数えきれないほどの人の心を和ませ、その結果、彼らは助けの手を伸ばしてくれたに違いない〟

●正しいあいさつとは

「私はあいさつをしています」と誰でも言います。確かにしています。問題は、その仕方にあります。周りに聞こえないくらいの小さな声で言う人がいます。だるそうな感じで言う人もいます。こうしたあいさつは不合格です。上司やお取引からは「あいさつひとつ満足にできない社員、すなわち仕事ができない社員」と思われてしまうのです。チームで正しいあいさつを学びましょう。

コラム【オグ・マンディーノ名言】

オグ・マンディーノは生前16作品を遺しています。そのどれもが、人々を成功や幸福に導く名著ぞろいです。彼の著書から、名言と呼ばれている言葉をもう1つ紹介します。

〝真の幸せは自分の中にある、ということに気づきなさい。

平和や安らぎや喜びを外部に捜し求めるために、時間を費やしたり努力したりしないように。

持つことや得ることにではなく、与えることに幸せがあるのだ、ということを忘れないように。

手を差し伸べなさい。分かち合いなさい。にっこりと笑いなさい。抱き合いなさい。

幸せは香水のようで、人にかけようとすると、自分にも数滴かかるのです。〟

正しいあいさつの仕方には７つのポイントがあります。

①立ち止まってする

歩きながらのあいさつは相手の正面に立てないことが多いのです。顔だけ横に向けてのあいさつや、ひどい場合は相手にお尻を向けてのあいさつになります。相手の正面に立つために立ち止まりましょう。

②相手の顔を見てする

下を向いたままや後ろを向いたまま、「おはよう」とだけ言っている人がいます。顔を見合わなければ心は通じません。まっすぐ相手の顔を見ましょう。

③自分から先にする

あいさつは下から上にするという考えはもう古いです。上司のほうから先にしてもいいのです。部下は「しまった」と思い、次は必ず自分のほうから先にします。あいさつは先手必勝です。

④言葉を省略しない

あいさつは日本語の中でも美しい言葉です。省略しないで語尾まではっきりと言いましょう。

⑤言葉を言った後でおじぎをする

言いながら頭を下げるのは、地面や床にあいさつをしていることになります。「おはようございます」と言い終わってから頭を下げましょう。

⑥頭を上げて相手の目を見る

おじぎをしてそのまま座ったり、仕事に取り掛かったりする人がいます。相手の心にすっと冷たい風が流れます。せっかくのあいさつが台無しです。おじぎをして頭を上げて目を合わせる。これがあいさつの一番大事なところです。締めくくりのアイコンタクトをきちんとしましょう。

⑦笑顔でする

当然のことですが、明るい笑顔であいさつをしましょう。

●気持ちのよいハイの返事とは

業績のよい会社、ホウレンソウのよい会社、成果を上げているチームがわかる診断があります。それは、ハイの返事が、明るく笑顔でできているかどうかです。

私は小売業の会社に勤務しているときに、数多くの売場を見てきました。成果を上げている売場のチームは、ハイの返事が明るい笑顔になっていました。不振の売場のチームは暗いハイの返事でした。もしくは、ハイの返事をしない人もいました。どんよりした空気がまんえんしていて、そこに働いている人、そして、そこにある商品もどんよりと暗い空気に染まっていました。その売場に来たお客様も、素通りして他の売場に行っていました。

ハイの返事1つで空気が変わります。小学生でもあるまいし、返事の重要性はわかっているという大人がたくさんいます。ところが、〝わかっている〟のと〝できている〟のは違います。よいハイの返事ができていなくて不幸な人生になっている人がたくさんいます。ハイの返事がヘタで、チャンスを逃している人がたくさんいるのです。

笑顔でハイの返事をすると、相手を元気にする効果もあります。なにより、素直さの表現はハイの返事がどれだけ早くできるかなのです。

ハイの返事をよくする方法があります。

チームメンバーを集めます。チームリーダーがチームメンバーの1人に名前を4回呼んでもらいます。

1回目に○○さん、と呼ばれたときは、「ハーイ」とふくれ面で、わきを見て低い声で暗い返事をします。

2回目に○○さん、と呼ばれたときは、「ハイ・・・」と小さい声でボソッと返事をします。

3回目に○○さん、と呼ばれたときは、無視します。

4回目に○○さん、と呼ばれたときは、「ハイ!」と明るく元気よく返事をします。

どの返事が一番気持ちよかったのか質問して聞いてみましょう。すると、全員が4回目の返事だと答えるはずです。

そして、職場でハイの返事が悪いと、どんな気持ちを相手に与えるかをチームメンバーに質問して聞いていきます。質問をして答えてくれたら、すばらしいと応えながら聞いていくとリズムが出てきます。ハイの返事の重要性を共有できる場になります。

そこで説明を入れます。

「残念ながら、皆さんの返事は明るく元気なハイの返事ではありません。練習不足なのです。では練習方法を教えます。

よいハイの返事は、絶対音感のソの音の高さで、すぐに相手に向かってアイコンタクトをしながら言うと、『あなたの言ったことをしっかりとわかりました』と伝えることができます」

先ず、チームリーダー自身がモデルとなってやって見せます。

そして、全員でハイの返事の実習をします。

チームリーダーがチームメンバーの名前を順番に呼んで、ハイの返事で応えてもらうのです。

最後にチームリーダー自身のハイの返事のエピソードや考えを話して締めくくります。

●拍手で笑顔満開

チームを1つにする方法はたくさんありますが、簡単ですぐに効果がある方法が、拍手で相手をたたえる方法です。

チームリーダーはチームメンバーの1人ずつに

「悪い拍手ってどんな拍手ですか」

と聞いていきます。すると、音がしない拍手、笑顔でない拍手、相手を見ていない拍手、嫌そうな表情での拍手などの答えが返ってきます。

受講者の1人を選んで、その人に向かって最悪の拍手をチームメンバー全員でおこないます。最悪の拍手をされた人は暗い表情になっているはずです。

次に、

「よい拍手ってどんな拍手ですか」

と聞いていきます。すると、笑顔の拍手、大きな音の拍手、アイコンタクトのある拍手、心のこもった拍手などの答えが返ってきます。

そのよい拍手を先ほどと同じ人に向かって行います。両方の拍手の体験を感想として話してもらいましょう。

「最悪の拍手のときは、この場から去りたい気持ちになった。悲しかったです。よい拍手を受けたら、拍手だけだけれど気持ちが明るく元気になりました」

そんな感想が出てくるはずです。拍手をしてたたえると相手は喜ぶことはわかっています。しかし、その拍手が弱くて笑顔がないと逆効果なのです。悪い拍手とよい拍手を同時に体験できるので、今までの自分の拍手が間違っていたことに気づくことができます。拍手はただすればいいのではなく、笑顔や相手を心からたたえようという気持ちも大切だと気づくこともできます。

たとえば、誰かを表彰するときの拍手が弱いと盛り上がりに欠けるのです。最高の拍手でチームのみんなから笑顔のプレゼントがあると、とてもうれしい気持ちになります。

同じチームのメンバーの誕生日のときに、「今日は○○さんの誕生日です。おめでとうございます」って言って、拍手のプレゼントをしてみませんか。満面の笑顔で応えてくれるはずです。

コラム【ストロークは心の栄養です】

心理学に「ストローク」という言葉があります。「ストローク」には肯定的ストロークと否定的ストロークがあります。ストロークは、言語（言葉)、非言語（態度やしぐさ）にかかわらず、相手の存在を認める行為をいいます。肯定的ストロークは人間関係を良好に保つものですが、当人にとっては心の栄養にもなるのです。

たとえば、「おはよう」の明るく元気なあいさつ。落ち込んでいる人の肩を抱く行為。疲れている人に飲み物をいれてあげること。すべて肯定的ストロークです。何気ない行為ですが、相手との交流において肯定的な心の動きを生み出します。自分の存在が認められていると感じるのです。そしてストロークを受けた人は心に栄養を与えられます。

人は、周囲との交流の中で生き、そして成長します。

最近ではハラスメントが社会問題になり、上司は部下に気を使い、話しかけても嫌がられるのではないかと不安です。困っている部下の力になりたいと思っても、余計なお世話と思われるのは嫌なのです。

一方、部下は、何でも怒られるのではないかと不安で、上司にうまく報告・連絡・相談ができません。

すべてコミュニケーションがうまくいかないことから生じています。明るいハイの返事も、拍手も、朝のあいさつもすべて相手へのストロークになります。そして、ストロークを受けた相手の反応が自分へのストロークになって戻ってきます。先ず、あいさつと返事からはじめてみませんか。

〔図表6　拍手道診断シート〕

	項　目	評価 3…できている 2…ある程度 1…できていない
笑顔	1．口角が上がっている	3　2　1
	2．歯が見える	3　2　1
	3．アイコンタクトをしている	3　2　1
	4．うなずいている	3　2　1
	5．目も笑っている	3　2　1
手と体の動き	6．指の骨が折れるくらい全力で音を出している	3　2　1
	7．回数は10回以上行っている	3　2　1
	8．体を相手に向けて音を飛ばしている	3　2　1
	9．小刻みに早いテンポで行っている	3　2　1
	10．パチ、パチとはっきりとした音を立てている	3　2　1
心構え	11．心から応援している	3　2　1
	12．感謝の気持ちを乗せている	3　2　1
	13．相手の気持ちになっている	3　2　1
	14．相手以上に喜んでいる	3　2　1
	15．拍手を受けるときは全身で受け取っている	3　2　1
巻き込み力	16．スタンディングで拍手をしている	3　2　1
	17．感動して泣きながら拍手をすることもある	3　2　1
	18．拍手だけで相手も涙を流すことがある	3　2　1
	19．心地よいタイミングで拍手を始められている	3　2　1
	20．正しい形を知っていて人前で説明ができる	3　2　1

拍手道　初段　20点～29点
拍手道　免許皆伝　30点～49点
拍手道　師範代　50点～54点
拍手道　師匠　55点～60点

4　よい聞き手になる

人の話を聞く態度ができていない大人が増えています。不機嫌な表情のまま、うなずきもあいづちもなく、話を聞いています。それだけなら、まだよいほうです。あくびをしている人、背伸びをしている人もいます。ときどき気になるのか、携帯電話でメールやＳＮＳの確認をしています。会議中でのパソコン持ち込みがＯＫの会社だと、上司が話しているときに、パソコンで会議とは関係のない仕事の連絡をしている人もいます。それがどんなに相手を不機嫌にするかわかっていないのです。それを体験するために悪い話の聞き方のロールプレイングをすると、自分の話の聞き方のつたなさに気づくことができます。

●悪い話の聴き方体験１

２人ずつペアになります。話し手と聞き手になって、たとえば、話し手は〝職場ではなぜあいさつをしないとならないか〟について話していきます。聞き手は次の話の聞き方をします。

あなたにはネガティブな思い込みがあります。相手の話を聞いても仕方がない。相手はアドバイスをする価値のない人だ。相手は嫌なタイプの人だ。これらを言葉と態度で表現してください。

そして、次の言葉を話し手に伝えます。

「そんなどうでもよいことを考えていたのですか」

「つまらない考えですね」

「もっと現実的に考えればよいと思います」

聞くときの態度は、視線を合わせません。ときどきため息をつきます。聞き手にとって話し手は、話など聞く必要のない人だとムリにでも思い込んでください。もちろん、現実の話し手は、そんな人ではありませんが、本気で取り組んでください。聞く時間は3分です。終わったら、話し手と聞き手で振り返りをします。

●悪い話の聴き方体験2

2人ずつペアになります。話し手と聞き手に分かれて実習をします。たとえば、話し手は〝職場ではなぜあいさつをしないとならないか〟について話していきます。聞き手は次の話の聞き方をします。

私たちの日常生活の中では、仕事や家事をしながら、相手の話を聞くような状況が全くないとはいえません。ちょうど、あなたは、今、仕事や家事でとても忙しいのです。もしくは大変に疲れています。相手の話すことなど聞いている暇（余裕）はありません。あなたは、しぶしぶ、仕方なく、事務的に相手の話を聞いています。これらを言葉と態度で表現してください。

そして、次の言葉を話し手に伝えます。

「手短にお願いいたします」

「忙しいんです」「そんなことは○○さんに聞いてみたら」

「つまらない考えですね」

「わかったから、それで、結論は」

聞き手の聞くときの態度は忙しい中、事務的に聞いてやっているという態度をとってください。しかめっ面でメモを取ったり、スケジュールを書いたり、時計を見たりします。話し手を見ないで、他の人を見ています。

忙しくて時間がないとムリにでも思い込んでください。本気で取り組んでください。聞く時間は3分です。終わったら、話し手も聞き手も振り返りをします。

●よい話の聴き方体験

よい話の聞き方の基本があります。笑顔で聞くこと、アイコンタクトをすること、うなずくこと、あいづちを打つこと、そして、繰り返しの言葉を言うことです。繰り返しの言葉は、たとえば、相手が
「寒いですね」
と言ったら
「寒いですね」

と同じ言葉で繰り返すことです。この聞き方をすると、相手が話しやすくなります。

そして、相手が考えていて言葉が出てこないときは、質問や、アドバイスをしてはいけません。ゆったりと待つようにしましょう。一生懸命に考えている時間を大切にしてあげましょう。

これがよい聞き手の基本です。

悪い話の聞き方とよい話の聞き方のロールプレイングが終わったら、チームメンバー全員で振り返りの発表をしましょう。それぞれの気づきの発表をすることで、チームメンバーの話の聞き方の改善をする動機づけになります。話の聞き方の改善ができるとチーム力がアップします。

●うなずきとあいづち

話を聞くときに、「どのようにうなずいているか？」は、とても大切です。本人はうなずいているつもりでも、まったく、うなずきもあいづちもなしで話を聞いている人がいます。

コラム【傾聴テクニック～繰り返し～】

相手の話を聴くとき、あいづちで相手の言葉をそのまま返すことを繰り返しのスキルといいます。

相手の言葉を文字どおりオウム返しに繰り返すことで、相手は自分の考えや気持ちを改めて確認することができます。すると相手は自分の考えや気持ちを整理することができ、さらに話しやすくなるのです。

相手の気持ちをもっと聴きたいと思うときなどに試してみてください。

心と頭ではうなずいているつもりだけれど、実際には顔を動かしたり、表情豊かにうなずいたりはしていないのです。心と頭でうなずいているだけでは、相手に聞いている姿勢は伝わりません。うなずきは、相手にわかるように反応を返すことです。顔を縦に振れば同意、横に振れば拒絶、斜めに倒せば疑問と、うなずきの仕方で、自分の気持ちを伝えることができます。

さらに、声を出して表情豊かにうなずくことができると、あいづちに進化します。もちろん、表情は笑顔で、うなずきは少なくとも10センチ以上あごを上下させ、身体全体で相手に「聞いていますよ！」というメッセージを返していきます。

あいづちの打ち方次第で、会話や対話の生産性は大きく変わります。うまくあいづちを入れれば、相手は心地よくなり、自分でも考えてもいなかった話までしてしまいます。相手の話に応じて、よいタイミングであいづちを打つのです。ここで意識すべきは、単調なあいづちにならないことです。

あいづちの中で、もっとも多く使われるのが、「同意」のあいづちです。相手の話を「聞いている」合図として、また、「理解した」ことを示すものとして使われるあいづちです。たとえば「そうですね」「なるほど」「たしかに」などです。

人を元気にさせる「共感のあいづち」があります。共感のあいづちは話し手を励まし、元気にさせる役割をはたしてくれます。

「大変でしたね」

「本当にそうだよね」

「うん、気持ち、わかります」
「辛かったでしょうね」
「よくやった、私もうれしいよ」

などです。気持ちを込めて、こうしたあいづちが打てると、自分の感情も豊かになります。

●仕事で頑張ったこと（大変だったこと）を聞く

話の聞き方の応用として、「仕事で頑張ったこと（大変だったこと）」をテーマにして、チームメンバーがペアになって話を聞くと大きな効果があります。ペアの心の距離が一気に近づいてきます。チームメンバーどう

〔図表６　仕事もプライベートも幸せになるあいづちの言葉〕

【同意・共感のあいづち】
なるほど、たしかに、そうですよね、やっぱり、うれしい、ドキドキする、待ち遠しい、信じられない、大切だね、納得です、おっしゃるとおりです、楽しそう、うける、期待できる、よかったね、ワクワクするね、おもしろそう、頼もしい、元気だね、大事だね、珍しいね、やりがいがあるね、びっくり、おもしろい、大変でしたね、つらかったですね、がんばりましたね
【感想のあいづち】
すごい、びっくり、勉強になる、知らなかった、楽しみ、感動した、すてき、楽しい、すきです、かっこいい、不思議、残念、笑える
【リアクションのあいづち】
えー、もちろん、そんなに、さすが、ぜひ、いいね、うらやましい、まさか、喜んで、いいなぁ
【話をうながすあいづち】
へぇー、それから、ということは、もっと聞きたい、本当、そうなんだ、詳しく教えて、それで、それってどういうこと、どう思います

しがペアを変えて繰り返すと、お互いのことがわかってきます。チームとして結束力のあるチームはお互いがメンバーの1人ひとりの仕事の状況を少なくともわかろうと努力しています。ペアになって話すと、お互いの状況が簡単にわかるのです。

このテーマで毎月1回、時間は10分間程度でよいので定期的に大変だったことを聞くとチームの協力や応援がうまくできるようになります。

そして、これは職場でチームリーダーとメンバーの会話のテーマの1つとして取り入れておくべきものです。日常の会話で、チームリーダーが、くだけた感じで「どう何か大変なことはない？」と聞くスタイルでもいいでしょう。

たとえば、1ON1ミーティングのテーマは、これ1つでうまくいくケースもあります。チームメンバーは、聞いてもらった安心感から、心を前向きにできます。

コラム【人の心を救うあいづちの言葉】

ある人が心療内科のお医者さんに、仕事で大変だったことを話していました。どんなに大変だったかを思い出しながら話していました。

そのときに、お医者さんが、「がんばりましたね」とあいづちを入れてくれました。“そうか、私はがんばっていたんだ“と初めて気づくことができたそうです。その後に、凍り付いていた心が緩んで、涙がとめどなく流れてきました。そんなお医者さんに出会えてよかったそうです。

その日から、その人の人生に転機が始まったそうです。それは、そのお医者さんのあいづちの言葉があったからと言っても過言ではありません。

コラム【マインドの壁とマインドフルネス】

チームビルディングに悩む管理職の方からよく聞くことに「注意しても直らないのですよ」というものがあります。相手に対して「どうして言うことを聞いてくれないのだ」という思いがあるようです。

多くの管理職に、「では、あなたが言うことを聞きたくないと思うのはどういうときですか？」と尋ねると、「自分の仕事に理解のない上司に机上の空論を聞かされるときです」、「自分の仕事の進め方を頭から否定されたときです」等という答えが返ってきます。

「よくわかってらっしゃるじゃないですか」と応じると、変な顔をされる方、一瞬いぶかし気な表情を浮かべてからハッとした表情になる方、様々です。自分に置き換えて考えてみればわかることなのです。

ご自身が、若手社員だったとき、どういう気持ちで上司に接してきたかを思い出してみませんか、と促してみます。納得いかないという態度を示す方もいらっしゃいます。「自分が若い頃は・・・」という考えは、「今の若いものは・・・」と同じです。ちなみに「今の若いものは・・・」という言い方は古代エジプト文明の頃の文献にも見られるそうですから、人間関係の悩みはいつの世も変わらないのでしょうか。

楽習チームビルディングでは、まず、相手との信頼関係を築きます。そのために最善の方法は、「相手の理解者」となることです。うわべのことではありません。相手の話を傾聴し、理解し、共感します。相手は自分の思いや考えを聴いてもらったと感じたとき、理解されたと感じます。

会話全体を 100 としたとき、相手と自分の話す割合が 50 対 50、つまり半々であったなら、相手は「何も聴いてもらえなかった」と感じるようです。70 対 30 で相手の方が話せば、ようやく「少しは聴いて聞いてもらえた」程度の感覚になります。「すごく、よく聴いてもらえた」と感じるには 90 対 10 で相手の方が話すくらいでなければなりません。

では、相手が話すのを聞いていればいいのかというと、そうはいきません。相手の話をそれだけ聴くには、相手が話してくれないと聴くことができないでしょう。ここにマインドの壁があるのです。

上司は部下との間にあるマインドの壁を乗り越えなければなりません。マインドの壁は上司から越えないとならないのです。マインドの壁を乗り越えるのにもっとも効果的なのは、自分と部下は違う人間であると認めることです。そして、相手の気持ちになることで乗り越えられるのです。

近年、欧米の先進的企業で取り入れられ、注目されているメソッドにマインドフルネスというものがあります。効果が科学的に立証されていること、瞑想という言葉がイメージさせる宗教的要素を一切排除したことで急速に広まりました。

マインドフルネスには幾つかのプログラムがあります。その中に「思いやりの心を育むプログラム」というプログラムがあります。このプログラムでは、他のプログラムと同様に「今、ここ」を意識するマインドフル状態をつくります。「今、ここ」に存在する自分を意識することで、煩わしい過去や、不安な未来から解放されるのです。続いて自分以外の人を思い浮かべていきます。その人も自分と同じで、過去に辛い体験、悲しい体験、嬉しい体験、楽しい体験をしてきたこと。様々な悩みをもつこと。そして自分と同じように「幸せになりたい」と願っていることをマインドフルネス瞑想の中で感じます。最後にその人が幸せになりますように、と願います。この瞑想の目的は思いやりの心を育むことですが、効果としては対人関係の改善、向上、ストレスの低減等が報告されています。職場の仲間や上司や部下との人間関係の改善を効果として報告する人も多くいます。それらの人と自分は違う人間であること。その上で、相手を認め、思いやる心の状態をつくることの価値は世界的に注目されるメソッドの１つなのです。

●人に好かれる応え方

人に何か言われたときの応え方で相手を不機嫌にしてしまう人がいます。おもいやりのない応え方で、相手を不機嫌にする人がいるのです。本人は相手を不機嫌にする応え方が習慣になっていることに気づいていません。だから周りの人からいつの間にか避けられるようになります。チームメンバーに応え方の大切さに気づいてもらうことができる方法があります。

まず、「相手から寒いよね」って言われたらどう応えますか。チームメンバーにいろいろなパターンを考えてもらいます。次のような回答の事例を教えてどんな気持ちになるのか聞いてみるのです。

①「寒いよね」
「ふーん」

②「寒いよね」
「今朝、電車が遅れて、それに電車が混んでいて大変だったんだ。電車が駅に着くのも遅れて、会社に遅刻しそうになったよ」

③「寒いよね」
「こんなの寒いのに入らないよ。冬だから当たり前の寒さだよ」

④「寒いよね」
「そう感じるのは、きっと昨日は会社が休みだったので、この時間に家を出なかったからじゃないかな。今朝は月曜日で会社にいつも通りの時間に出社したから、寒いと思ったんだよ。同時刻

で気温を比べてみるとそんなに変わらないことがわかると思う」

⑤「寒いよね」

「暖かくしたら！　風邪ひくと大変だよ‼」

⑥「寒いよね」

「ホント、寒いよね」

①は無関心の応え方です。

この応え方をする人はかなり多いです。相手の気持ちに無関心なのです。相手には無関心が伝わるので、無視された気持ちになります。その後の会話が続きません。仕事だけでなく、プライベートでの会話でもこのような返事をする人がいます。

②は自分の話をする人です。

相手が何を言おうと、私を主語にしてどんどん話してきます。相手の言うことを聞いていません。いつも自分中心に話をしてきます。

③は反論をする人です。

なんでも反対のことを言ってきます。暑いと言えば寒い、寒いと言えば暑い、おもしろいと言えばおもしろくない、すべてに対してそれは違うという意味のことを言ってきます。反論しているのだけれど、自分では正しいことを相手に伝えているつもりの人です。相手は一緒にいたい気持ちがなくなり、その場から逃げ出したくなります。同じチームにこのような人がいると、チームのまとまりがなくなり、チームの生産性は落ちていきます。

④は解説をする人です。

まじめな表情で自分の知っている知識を長々と話してきます。話が長いのが特徴です。

⑤は解決策を言う人です。

相手が解決策を求めていなくても、「こうしたらいいですよ」とアドバイスするのが正しいと思っています。アドバイスされた方は叱られているような気持ちになり、いい気持ちはしません。

⑥は相手によりそった感情を伝える応え方です。

これが人に好かれる応え方です。

⑥以外は、いずれも相手を不機嫌にするのです。この応え方の６つのパターンがわかると、自分の応え方の傾向に気づくことができます。感情によりそう応え方以外は相手を不機嫌にします。解決策の応え方は、まれに喜ばれることがありますが、そんなことはわかっているし、既にやっている人に言うと、その人を不機嫌にしてしまいます。解決策やアドバイスは、相手を自分より能力が下だと思っているから言うことができるのです。だから、解決策を言われると、バカにされているように感じる人もいるのです。

いつも解決策を言う習慣のある人は相手を不機嫌にしてしまうこともわかっていなければなりません。

日常会話で、相手が求めているのは解決策ではなく、共感だからです。。

●よりそって話を聞くこと

人の不安要因は様々ですが、共通するのは自分が存在するチームで必要とされているかどうかです。この不安を軽減するためには、心から聞くことによりチームメンバーの存在を受け止め、その言葉に耳を傾けることです。なぜなら、それによって〝受け入れられている〟〝このチームにいてよかった〟と、自分がいるチームの中に自分の存在意義を感じることができるのです。「がんばれ」と声をかけることや、気力で乗り越えろ」という精神論も時には必要かもしれませんが、それよりもチームに必要なのは、あいづちを駆使しながら感情によりそって話を聞いてくれるチームメンバーの存在なのです。

楽習チームビルディングでは、話を聞く機会を数多く取り入れています。何かを体験し

コラム【妻の話を聞くときに携帯ゲームをしている?!】

妻の話を聞くときに、携帯ゲームをする夫が増えています。理由を聞いたら、仕事で忙しくて、携帯ゲームをする時間がないからだそうです。妻が話をしているときに、携帯電話を見ているので、うなずき、あいづち、アイコンタクトはありません。携帯電話の画面を見ながら、「ふーん」と聞いています。こんな夫が増えているのです。

夫婦間だけでなく、職場でも同じように話を聞く習慣が出てきています。携帯電話やパソコンを見ながら、「ふーん」と話を聞いているのです。相手を見ていないので、うなずくこともあいづちを打つこともありません。このことで相手を不機嫌にしています。すると不機嫌になった相手は不機嫌な言動を返してきます。だから、結果として、自分自身も不機嫌になるのです。

たら、必ず、振り返りの発表をしてもらっています。それをチームメンバーがうなずきながら笑顔で聞く機会をつくっています。このような会話する機会を増やしていけば、周りを不機嫌にする人を減らすことができるのです。

5　率直に誠実な感謝を伝える

●「ありがとう」を言わないチームをどうするか

周りを不機嫌にする人の特徴は、「ありがとう」を一切言わないことです。何をしてもらっても「ありがとう」を言いません。たとえば、仕事を教えてもらったとしても、教えてもらうことは当たり前の権利だと思っています。教える人が自分の仕事の時間を削って教えていたとしても当然だと思っています。

「ありがとう」を言わないだけなら、まだ、他の人から疎外されることはありません。教えている人に対して不満を言う人がいます。もっと上手に教えるべきだ、問題に対して解決策になる答えを教えるべきだという不満です。相手の気持ち、感情によりそうことなく、その不満をぶつけてきます。まるで、〝こんなことくらいでは感謝してやらないぞ〟と決意しているようです。感謝のハードルが高いのです。感謝の気持ちが湧いてこないので、「ありがとう」の一言が出てこないのです。

チーム内の人間関係の問題が発生しているチームで研修をしたことがあります。意外だったのだけれど、全体の8割以上のメンバーの一番うれしい言葉は「ありがとう」でした。何をしても当たり前で、「ありがとう」を言われないので、ひとことの「ありがとう」が欲しいそうです。

「ありがとう」の言葉があふれるチームだと、会社を辞める人がいなくなります。「ありがとう」の言葉を言うチームにするためには、感謝神経を磨くしかありません。反射神経と同じように感謝神経があります。いつも磨いていないと錆びついています。思うだけでなく、体操と同じで行動して感謝神経を磨かないとなりません。

●「褒めるありがとうカード」

感謝を伝える実践が褒めるありがとうカードです。ふつうのありがとうカードと違うのは、褒めることと感謝の2つを目的にしたことです。ありがとうカードを取り入れている会社は数多くあります。ところが、ほとんどの会社で継続されていません。それは、感謝の行動は相手から何かをしてもらった反応として起こるものだからです。つまり「〜してくれてありがとう」しかないからです。これだと、相手が動かないと対応しようがありません。

しかし、褒めるありがとうカードは、相手から何もしてもらわなくても、相手のよいところを褒めて感謝することができます。いつでも、誰にでも書くことができるのです。だから、継続しやすいのです。

「褒めるありがとうカード」は褒め言葉と感謝の気持ちを書いて相手に渡すカードです。上司・

同僚・部下のよいところを褒めて、感謝への気持ちを書いて渡すのです。

たとえば、「尊敬する○○さんへ、○○さんの話はとてもすばらしくて勉強になりました。わかりやすくて私の未来を明るくしてくれました。ありがとうございます。感謝します」「優しい○○部長へ　部長の指導のおかげで今の私があります。いつもありがとうございます」「仕事の早い○○さんへ　○○さんが正確にテキパキと仕事をしてくれるので、このチームは成果が出ています。ありがとうございます」「笑顔が素敵な○○さんへ、○○さんの笑顔で癒されています。応援いつもうれしいです。ありがとうございます」このような言葉を書いて、直接相手に渡すのです。

そして、自分のご両親や家族に対して書いてもかまいません。普段、声に出して言うことがなかなかできないことも、紙に書いて手渡すことならできるはずです。ある人は妻に「優しい○○へいつも美味しい食事をありがとう」と日頃のお礼を書いたそうです。妻は大切に保管しているそうです。

会社でこのような「褒めるありがとうカード」の実践をすることには大きな意義があります。相手を褒める・認める・感謝する習慣が無意識に身に付くからです。「褒めるありがとうカード」を書く時間を取ると、褒め言葉の力で、書いている自分自身の自己肯定感が向上します。そして、自分が職場や家族から多くの愛情を受けていると気づくことができます。そこから、今の自分があるのは周りの人たちのおかげだと感謝する気持ちが芽生えてきます。自分を支えてくれている人たちへの感謝の気持ちは、仕事を頑張ろうというやる気につながるのです。

ある会社の社長が、人の嬉しいことを4つ挙げていました。①人から愛されること、②人から褒められること、③人の役に立つこと、④人から必要とされることの4つです。「褒めるありがとうカード」を書いて手渡すと、これらの全部を相手に伝えることができます。

●今、伝えないと伝える機会をなくすケースもある

多くの人がいつも目の前にいる人が永遠にいるものと勘違いをしています。

だから、「褒めるありがとうカード」を書くことはいつでもできるし、恥ずかしいからと避ける傾向があります。

しかし、「ありがとう」を言う機会を逃してしまって後悔することもあるのです。

私の社員研修のある受講者は祖母に対して書いたそうです。

骨折で入院していたので、退院してから「ありがとうカード」を手渡そうと思っていたそうです。仕事も忙しく、手渡すのが恥ずかしかったこともあって、病院にお見舞いには行かなかったそうです。

ところが、急にその祖母が亡くなりました。時間をつくってお見舞いに行って手渡そうと思えばできたのに、そうしなかったことを今でも後悔しているそうです。

また、ある受講者の父親が交通事故で亡くなりました。その1か月前の企業研修で、「褒めるありがとうカード」を書く実習を行っていました。全員に「褒めるありがとうカード」を配布して、

ご両親に感謝の気持ちを書いて手渡すように伝えていました。いつまでも、大切な人がそばにいると思わないでいて欲しいことも伝えました。

この受講者は研修後すぐに、父親に「褒めるありがとうカード」を渡したそうです。生まれて初めて、父親を褒めて感謝の言葉を告げたそうです。

父親が交通事故にあう前でした。突発的な交通事故だったので、本人の気持ちの整理はできないでしょうが、感謝の言葉を一度でも生前に言えたことは、救いになっているでしょう。私も、その協力ができてよかったと感じています。

この受講者は、お葬式の際の棺にも、「ありがとう」と涙を流しながら「褒めるありがとうカード」を入れたそうです。親戚のみなさんも涙ぐみながら、これまでの感謝の気持ちを書いて入れてくれたそうです。

●自分の身体の価値

「ありがとう」を言うことが恥ずかしいという人がいます。今さら「ありがとう」を言うのは、子供みたいだから嫌だと思っている人がいます。「ありがとう」は言わなくても気持ちは伝わっていると思っている人がいます。そのような人は、何をしてもらっても「ありがとう」を言わないのです。チームの中にそのような人がいると、チームの力は弱くなります。ありがとうの価値に気づいてもらう方法があります。

チームメンバーに次のように質問をします。「あなたの身体の価値から考えてみましょう。あなたの指1本、腕1本の値段はいくらですか。たとえば、取り外し自由で10年間レンタルできるとしたら、レンタル料としていくら取りますか。もちろん、現実には、そのようなことは不可能です。仮定の話として想像してみてください。たとえば、片腕を誰かにレンタルしている期間は、あなたは残った片腕で生活します。それでは、片腕のレンタルの金額はいくらでしょうか」おそらく大半の人が相当の金額をもらいたいと思うはずです。続けて、次の質問をします。「それでは、腕以外にも、足や眼球、頭、内臓などもレンタルしたとしたら、その総額はいくらになりますか。考えてみましょう」合計すると10億円以上という答えが大半になるでしょう。

宝くじを当てて億万長者になりたいと言う人がいるけれど、自分の身体だけでも10億円以上の価値があるということに気づきませんか。歩く億万長者ですよね。そこで、次の質問をします。

●「ありがとう」の価値

「ありがとう」の感情を10年間、レンタルすることができるとします。レンタルをしたら、「ありがとう」の感情がないので、何をしてもらっても「ありがとう」を感じることがありません。また、相手に「ありがとう」を言うことも、言われることもありません。あらゆる場所、職場でも家庭でも一切ないのです。

その代わりに、怒りの感情だけは十分に味わうことができます。「いくらでレンタルしますか」。

この答えを聞くと、どの人も身体のレンタル以上の金額になるはずです。億の単位でなく１兆円以上になるかもしれません。

それくらい「ありがとう」には価値があるとわかっているのです。そして、気づくことができます。そんな大切な「ありがとう」なのに、「ありがとう」を目の前の人に言っていただろうか。こんなに大切なのに、たとえば、ご両親に恥ずかしくて「ありがとう」が言えないという人がいます。ある有名なお医者さんが本で書いていました。末期がんの患者さんが死ぬときに後悔することの１つは、『愛する人に「ありがとう」を伝えなかったこと』だそうです。

「ありがとう」を言い過ぎて不幸になった人はいません。「ありがとう」を言うべきときに言わなくて不幸になっている人はたくさんいます。「ありがとう」の価値は１兆円以上とわかった今から、目の前の人に「ありがとう」を伝えましょう。周りの人に、感謝の気持ちを込めて「ありがとう」を伝えましょう。

この話の後に、すぐにチームメンバー全員で、褒めるありがとうカードの交換をしましょう。きっと、チームメンバーは書いてもらった一言に感動の表情をしています。いつもいっしょに働いているチームメンバーからもらった感謝の褒め言葉が嬉しいのです。いつもいっしょにいても、言葉にしないと相手には届いていないのです。

そのことを〝目は口ほどにものを言わない〟と教えています。相手に対しての感謝や褒め言葉は、言葉にして言うか、書いて相手に伝えないと、気持ちは伝わっていないのです。どんなに思っていても伝わっていないから、気持ちの交流がない不機嫌なチームになってしまっているのです。

●ありがとうW

人に対して「ありがとう」と感謝を伝えるべきなのは誰もがわかっています。そして、誰もが言葉を言うことができているかもしれません。

しかし、いつの間にか、言う方も言われる方も当たり前のように感じてしまっています。「ありがとう」が感情のない言葉だけの「ありがとう」になっています。だから、相手にも感動を与えない「ありがとう」になっています。

それを解決するのが、ありがとうWです。「ありがとう」の言葉と、「ありがとう」の気持ちを入れた言葉を付け加えて伝えるのです。ありがとうWを自然と使えるチームであれば、チームメンバーが明るく元気になっています。ありがとうWを使うと、チームメンバーのやる気を引き出し、お取引先や他部門のメンバーから応援されるチームになることができます。

ありがとうWの具体例は次のようなものです。

①「ありがとうございます。さすがです！」

チームメンバーの仕事ぶりを褒めるときに、自分の驚いた気持ちを入れることができます。表情も、さも感心したような表情にして言うようにします。チームメンバーがよい仕事をしたときに、「ありがとう、さすがだね！」と言うと、チームメンバーは能力を認められた気持ちになります。

②「ありがとうございます。感謝します」

何かをしていただいたときに、こころからのお礼を伝える際に効果的です。「ありがとう」の一言だけで終わらないで、「感謝します」と付け加えるのがコツです。メールなどの文章でも使うことができます。失敗を未然に防いでくれたチームメンバーに、「ありがとう。感謝!!」というメールを送っているチームリーダーがいました。チームメンバーは、このチームリーダーのために頑張る意欲がわいてくるそうです。

③３「ありがとうございます。勉強になります」

これは、目上の人やメンターなどから指導を受けたときに言うと効果的な言葉です。こう言われると、教えた方は、もっと教えてあげようと思います。部下にも、「ありがとう、勉強になったよ」と言うこともできます。

松下幸之助さんは、部下に、これを言うのが得意だったという逸話があります。松下幸之助さんは、自分から部下に尋ねて、感謝の表情で、「君ええなぁ、勉強になったわ」と褒めていたそうです。言われた部下は気持ちがよいので、もっと勉強しなくてはと思ったそうです。

④「ありがとうございます。助かりました」

急な対応をしていただいた取引先や他の部署の人などに言うと効果的です。チームメンバーには、急な仕事を頼んだようなケースで「ありがとう。助かったよ！」と言うと、やってよかったと思ってくれるはずです。

⑤「ありがとうございます。嬉しいです」

嬉しさを心から表現したいときなどに使いましょう。チームメンバーには、「嬉しいなぁ。ありがとう！」と言うと心からの嬉しさが伝わります。

⑥「ありがとうございます。楽しかったです」

一緒に楽しい時間を過ごしたときに使いましょう。チームメンバーには「ありがとう。楽しかったね」と伝えると、共有した時間の楽しさが倍増します。

⑦「ありがとうございます。感激しました」

誕生日プレゼントをもらったとき、表彰されたときなど、サプライズなことがあったときなどに使います。チームメンバーが素晴らしい仕事をしてくれたときに、「ありがとう。感激したよ！」と言うと感激が伝わります。

その他、いくつか例示します。

「いつも、ありがとうございます」「ありがとうございます。○○さんのおかげです」「ありがとうございます。また、お願いします」「ありがとうございます。また、誘ってください」「ありがとうございます。尊敬しています」「ありがとうございます。美味しかったです」「ありがとうございます。これまで生きてきた中で一番楽しかったです」

うまくいっているチームはメンバーがありがとうWを上手に使っています。実際に口に出して言うだけでなく、メールや報告書のコメントにも書いて表現しています。

●職場で一番うれしい言葉は何

職場で言われて一番うれしい言葉は何でしょうか。ある会社の研修の受講者にアンケートをとったことがあります。それは「ありがとう」の言葉です。その会社はチームとしての結束が弱く、お互いが無関心で他の人がどんな仕事をしているかさえ興味がありませんでした。助け合いや協力することもありませんでした。そんな状況でありながら、一番求めているのは「ありがとう」の言葉でした。

会社では何をしても仕事だから当たり前だと思われているので、「ありがとう」を言う習慣がなくなっているのです。お世話してもらった先輩社員に後輩たちが「ありがとう」を言うこともなければ、所用を引き受けてくれた部下に上司が「ありがとう」を言うこともありません。何をしてあげても当たり前。逆に何かをしてあげたら、もっとこうして欲しいと指導を受けたりします。他の人によかれと思って問題となりそうなことを伝えたら、ありがとうの言葉でなく、批判しないで欲しいと文句を言われるケースもあります。そのようなさつばつとした会社、チームを変えるのは「ありがとう」の言葉なのです。

●ありがとう付箋

「ありがとう」をその場で言うことができないケースがあります。たとえば、電話メモが机の上に置いてあったケースです。そのようなときに、お返しに「電話メモありがとう。助かったよ」と付箋にメッセージを書いて、その人の机の上に置いておくのです。それ以外にも、出張から戻ってきたチームリーダーからのお土産が机の上に置いてあったケースなどでも、付箋にありがとうの一言を書いてチームリーダーの机の上に置いておくと、気持ちが伝わります。このような感謝の交流が、チームの絆を強くするのです。

企業研修のときには付箋を渡して、受講者どうしで付箋に一緒に学んだ感謝を書いてもらっています。その場で手渡してもらいます。そのことにより感謝の気持ちが高まり、感謝神経を磨くことができるのです。

●感謝が自己重要感を高める

自己肯定感と似た言葉として、自己重要感という言葉があります。自己肯定感や自己重要感という言葉の意味は、専門家によってさまざまな捉え方があると思っています。私は次のように思っています。人の存在の根底には、自己肯定感があり、自己肯定感の上に自己有能感というものがあって、両方あわせたものが自己重要感だと考えています。自己重要感が満たされない人は求め続けます。

たとえば、苦労した時代に応援してくれた妻がいたとします。しかし、大成功したら、その妻と別れて他の女性と結婚する人がいるのです。しかし、長続きしなくて、別れて他の女性を捜そうとします。

自己重要感が満たされていない人は、このように求め続けるのです。求め続ける人生になります。

「足るを知る」自己重要感の高い人は、このことをわかっています。これは、現状に妥協して、チャレンジしないことではありません。今の幸せに気づくことです。今が幸せだと気づいたとすると、イメージしたとおり幸せになり、さらに幸せな人生になるのです。今が不幸だから、幸せを目指そうと思っていると、実は今の不幸をイメージしてしまいます。すると、イメージしていたとおりに不幸がやって来るのです。

ある中学生の息子さんがお父さんに、こんな話をしたそうです。「お父さん、幸せなときって何も感じないかもしれないね。もし、お父さんが幸せなことって何だろうと思ったとしたら、そのときが幸せなのかもしれないね」

誰もが気づいていないけれど、今が幸せなのかもしれません。たとえば、この本を読んでいるこの瞬間が幸せなのかもしれません。こんな1日が幸せなのかもしれないのです。生きていること、歩けること、息をしていること、水が飲めること、ご飯を食べられること、本を読んでいること、幸せなことなのです。そして、家族がいること、友人がいること、とても幸せなのです。理想の1日はふだんの日常生活。幸せな理想の1日って、何気ない日常生活なのかもしれません。

また、文句を言う人、自分の邪魔をする人、嫌な人がいることも幸せに感じることができたとしたら究極の幸せな状態かもしれません。

ある社労士が独立したきっかけを話してくれました。リストラを受けたそうです。今は、リストラしてくれた会社に感謝しているそうです。今が幸せだからだそうです。

●感謝の謝とは

感謝の気持ちを持つのは大切です。感謝の言葉の意味を調べたことがありますか。感謝とは、辞書には、ありがたさを感じて謝意を表すことと載っていました。では謝意の謝の漢字にはどういう意味があるのでしょうか。

先日、ある社労士の方の説明を聞いて納得しました。

謝＝言＋身＋寸なのです。つまりお礼を言う「言」、行動で恩返しをする「身」、お金や物でお返しをする「寸」の意味があるそうです。

感謝の気持ちを持つだけではダメで、しっかりと言葉にして言うこと、そして、行動で返すこと、時にはお金や物で返すことが「感謝」なのだそうです。おそらく、感謝の気持ちを持つだけで満足している人が多いのではないでしょうか。言葉にしないと、それは相手には伝わっていないものです。そして、行動で返すこと、また、時にはお金や物で返さないと相手には感謝が伝わっていないのです。

ふだん、お世話になっている人に感謝の言葉とともにプレゼントを贈ることはとても大切なことだと思っています。感謝を相手に伝えるだけで、苦手だった相手や、犬猿の仲だった相手との関係がよくなるケースがあります。お互いが誤解していたことに気づけることもあります。そして、お世話になった人には、お中元、お歳暮など品物を贈ることも大切だと思っています。お世話になった方のお祝いごとには、お金を包むことも大切だと思っています。感謝の言葉の意味がわかった今日から行動してみませんか。

コラム【アランの幸福論】

アランことエミール＝オーギュスト・シャルティエが著した「幸福論」は世界三大幸福論の内の１つです。アランの幸福論で最も特徴的な考え方は「人間には幸福になる義務がある」としたことです。人は誰も、絶対的に幸せにならなければならないと主張するのは、否定的な感情や不幸は周囲の人々に感染する疫病のようなものだという説の裏返しなのです。

もし、誰かが不幸を感じたとします。その感じはどんどん大きくなり、やがて周りの人にも影響していきます。自分が不幸なのは自分のことだから誰にも迷惑にならないだろうと考えるのは間違いだと言うのです。それは、周りの人も不幸にすることだとアランは説きます。

幸せそうな人と接するとき、幸福を感じる人だけならいいのですが、不幸な人は嫉妬ややっかみをもつこともあります。それは必ず周囲に伝わり、幸福な人を不幸にしてしまうこともあるのです。しかし、そのような権利、他人を自分が不幸だからという理由で同じく不幸にする権利はありません。不幸を感じていたとしても、周りに不幸を感染させないために幸福でなければなりません。故に人間は幸福であらねばならないのです。

また、こういう考えも著しています。

人間が人間に与えられる最高の贈り物は「上機嫌」であるという説です。上機嫌も不幸と同じく周囲に伝染します。もし、世界中に上機嫌を伝染させることができれば、上機嫌は自分のところに返ってくると言います。

小さな幸せであっても、それを周囲に広めることが大事なのです。楽しそうな顔をしていれば周囲の人の気分もよくなります。そのように振舞う人は多くの人に愛されるでしょう。

大切なのは、先ず自分から、という意識をもつことです。先ず自分から笑顔になり、自分からあいさつをし、自分から話しかけるのです。

誰もがそういう気持ちになれば、世界は変わるでしょう。
アランによると、赤ちゃんが笑うのは、自分に笑いかける大人の真似をしているのだと言います

確かに、赤ちゃんに「おもしろい」とか「楽しい」という感覚はないのかも知れません。ですが、自分に笑いかける大人の真似をして笑うと、大人たちはもっと嬉しそうに笑います。赤ちゃんはその大人の様子を見て、嬉しくなってさらに笑うのだと言うのです。

だとしたら、大人どうしはもっと笑顔で接しなければなりませんね。

ところで、私は世の中の不機嫌な表情や言動を解消するために、「にこやか会（略称）」FBグループをつくりました。にこやかだいじょうぶで幸せになる会が正式名称です。会則もつくりました。

“にこやかだいじょうぶで幸せになる会”の会則

私は、相手を明るく元気にすること、夢や希望を与えることを常に考えて、にこやかな笑顔で目の前の人に接します。そして、不安や心配をしている人には、「だいじょうぶ」だと伝えます。

●“にこやかだいじょうぶで幸せになる会”の心構え10か条

★目の前の人ににこやかな笑顔で接します
★目の前の人に思いやりの行動をします
★目の前の人をかけがいのないくらい大切に思います
★目の前の人の気持ちになって言葉を使います
★目の前の人を「だいじょうぶ」だと元気づけます
★目の前の人に明るい冗談を言って笑顔にします
★目の前の人の未来に希望や夢を与えます
★目の前の人と一緒にいる今を楽しみます
★目の前の人に感謝の気持ちを持って接します
★目の前の人を幸せにして自分もさらに幸せな人になります

本当に小さな活動かもしれませんが一歩ずつ始めています。

第3章　基本ができたら応用のチームビルディング

1　誠実な関心を持ってほめる。惜しみなく心からほめる

ほめるとチームが明るく元気になるのだけれど、ほめるのが苦手だという人がいます。

①ほめ言葉がすぐに出てこない
②ほめるのが恥ずかしい
③ほめるのは媚びる感じがする
④ほめると負けた気がする
⑤相手に関心がない

の5つが、その原因です。

●褒め言葉がすぐに出てこない

褒めることは、誰でも簡単にできると勘違いされています。大人だからできる、親だからできる。そんなことはありません。たとえば、上司は部下を褒めて育てないとならないと言われたとしても、言われた本人が褒めて育てられた体験がないと教えることができないのです。

学校の先生から、親は子どものよいところを褒めてあげましょうと言われたとしても、自分自身が褒められた体験がないと褒める言葉さえ知らないので出てこないのです。体験がなく、かつ、学

んだことがないのでできなくて当然なのです。

だから、褒めるのにも努力が必要なのです。努力とは、ある目的のために力を尽くして励むことです。苦しんで耐えて嫌なことをするのが努力だと、勘違いをしている人が多いのですが、そうではありません。一流のスポーツ選手は、他の人から見たら苦しいと感じることでも、本人は目的を持って楽しくやっているのです。そうでないと継続ができないからです。

たとえば、褒め上手になって誰かを幸せにしたいと願う気持ちがあれば、楽しく努力をすることができます。すると、誰でも上手に褒めることができるようになります。

学び方には、次の３つのステップがあります。

①正しいやり方を学ぶ
②正しい順番に行う
③継続する

褒め上手になろうと思って、褒めるセミナーに行って、いきなり褒め褒めシャワー実習（ペアになってお互いを褒める実習）をやって、嫌な気持ちになる人もいます。もともと、褒める単語が頭の中にインストールされていない人や、お互いを知ってからでないと褒めることができない人にとっては、苦しくて嫌な体験になるからです。そして、逆に褒めることができない自分を見てしまうので、「自分はやっぱりダメだ」とセルフイメージを下げてしまいます。褒めるセミナーに行っているのに、自分を褒めることができない結果になるのです。そういうタイプの人は、まず、褒め単語をインストールすることから始めるのです。そして、お互いを知り合う時間をとってから、褒めるというのが正しい順番です。後は、楽しく継続すれば、褒めるのが上手になります。

褒め上手は一生の宝になります。周りの人を幸せにできます。もし、苦手だと思っていたとしたら、それは、努力をする時間を取っていなかっただけなのです。楽しく努力をすれば、誰でもが褒め上手になることができます。そして、相手を褒めることは自分自身も褒めることになります。〝脳は人称を理解できない〟と言われています。相手を褒めている言葉を一番そばで聞いているのは誰ですか。それは自分の耳です。つまり、相手を褒めている言葉は、そのまま自分の耳から脳の中に入ってくる。だから、自分も褒めていることになるのです。

●チームビルディングの土台は安心感と自己重要感

コミュニケーションの中で、人は大切にしている欲求が2つあります。「安心感」を得たい。「自己重要感」を得たい。この2つです。自己重要感とは、自分は価値ある存在であると実感したい欲求のことです。相手が、自己重要感が満たされたと感じると、相手は、またあなたと話をしたいと思うようになります。

ところが、相手の自己重要感を傷つける人がいます。相手に対して、「あなたは価値がない」と思わせるような言葉を言う人がいます。すると、相手は自己重要感を傷つけるような人とは会いたくないと思うのです。

なぜ、そんなことをする人がいるのか。それは、その人の自己重要感が満たされていないので、相手をさげすみ、批判することで、自分はそのような行動をするに値する立場の偉い人間だとまわりに知らせているのです。そのことで自己重要感を満たそうとしているのです。自分の自己重要感を満たすために、無意識に相手の自己重要感を傷つける言動をしているのです。

しかし、本人は自分自身の自己重要感が満たされていないことには気づいていないのです。たとえば、先生を批判する人、講師を批判する人、上司を批判する人は、その言動によって、自分の自己重要感を高めているのです。

このようなタイプの人の特徴があります。自分が一番正しいと思っているので、周りにどんどん指示命令をします。そして、自分が何でも知っていると思っているので、学ぶこともなく、浅はかな知識でアドバイスをしています。会社で、このような人が多くなると、会社がさつばつとした雰囲気になり、退職者が増えていきます。

相手を批判することで自己重要感を高めている人の指導には、チームリーダーの薫陶が欠かせません。モデルとなって生き方を教えないとなりません。いつもそばで正しい生き方、考え方を実践して見せないとなりません。そして、他者を傷つけないで自己重要感を高めることができる言動を体得させないとなりません。

相手をさげすむことで、自分の自己重要感を高めている人の共通の特徴があります。幼少期が愛と感謝に恵まれた環境でなかったのです。チームリーダーは、育てなおしをするイメージで愛情をもって言葉をかけて接することです。

●褒めるのが恥ずかしい

よく聞くのが、褒めることが恥ずかしいという声です。身近な人には「ありがとう」の言葉は恥ずかしくて言えないという人がいます。特に夫婦や親子のケースです。そのときは、相手を元気づける、勇気づけるために褒める、今、褒めないと相手には伝わらないと思って言葉にすることです。

私の仙台でのサービス業のチームリーダー研修の教え子で、とても優しくて有能な30歳前半のTさんがいました。私も本気で優秀なチームリーダーに育成をする心がまえでした。初回研修が終わって、1か月後に東北大震災が発生しました。

Tさんは、東北大震災の日は遅番出勤のシフトでした。午後4時からが勤務時間でした。しかし、地震が発生した直後の午後3時には店舗に駆けつけて、お客様の避難誘導をしていました。お客様の避難誘導が終わると、あらゆる交通機関がマヒしているので、お客様が自宅まで帰ることができないのを見かねて車で送っていくことにしました。行き先は、海岸のそばの家だったのですが、津波のことはまったく予測していませんでした。信号機の電気も点灯していない中で、海岸から逃げる車の渋滞に巻き込まれてしまいました。通常なら10分程度で行ける距離だったのに、渋滞に巻き込まれてしまって車ごと津波に流されてしまったのです。そして、そのまま帰らぬ人になりました。

感謝の大切さを話すときには、亡くなったTさんの話をしています。『Tさんも皆さんと同様に、ご両親に「ありがとう」を言うと話してくれました。

しかし、恥ずかしくて直接にはご両親に〝（今まで育てていただいて）ありがとうございます〟と、言ってはいませんでした。恥ずかしいので、いつか機会をつくって言おうと考えていたのでした。しかし、言うことができないまま天国に行ってしまいました。「ありがとう」の気持ちは、言葉にしないと相手に伝わりません。それもすぐに、直接、「ありがとう」と、言葉で伝えることです。たとえば、「ありがとうカード」に書かないと、そのことを伝えることができなくなるかもしれません。Ｔさんは、まさか自分が天国に行くとは思っていなかったのです。

Ｔさんの偉いところは、しっかりと研修の受講者レポートに〝ご両親に感謝の気持ちを表現するために旅行をプレゼントする〟と書いていたことです。これを私は褒めてあげたいと思います。天国で再会したときに、命がけでお客様に尽くしたことも〝がんばったね〟と褒めてあげたいと思っています。

いつも当たり前と思っていたことに感謝し、明日が来ないこともあると思って、今日を全力で生きることを決意することです。会社があり、仕事があり、知人や家族がいることに感謝しなければなりません。

●褒めるのはこびる感じがして嫌だ

あるチームメンバーがチームリーダーのことは絶対に褒めないと言っていました。こびるような感じがするので嫌だと言うのです。私は次のように話しました。「チームリーダーはあなたのことを想って、導いてくれています。仕事以外のことも心配しているかもしれません。そして、チームリーダーも人間だから心がくじけるようなこともあるのです。そんなときには、あなたが勇気づける言葉をかけてあげましょう。チームメンバーの思いやりのある一言でチームリーダーは元気になれるのですよ」

この際に、必要なことは、本当に思っている言葉で褒めることです。〝本当は、そう思っていないけれど、褒める〟という意識があると、それもそのまま頭の中にインプットされて、嫌な気持ちになるのです。

好きな人に、〝大好き〟と言う、大切な人に〝大切な人〟と言う、本当の気持ちで言うと幸せな人間関係になれます。現実には、おだてるような褒め方、こびるような褒め方をする人がいるのも事実です。それにまどわされないで、褒めることを実践していきましょう。

●褒めると負けた気がする

チームリーダーがチームメンバーを褒める重要性を話しました。すると、あるチームリーダーが、他のチームメンバーの批判を始めました。「褒めるところはない」と笑いながら、そのチームメンバーを冗談っぽくけなしていました。表情には「俺のほうが上だ」と書いてあります。これは、「褒めると自分の負け」という考えが浸みこんでいるからです。相手を認めて褒めると自分の価値が下がると思っているので、批判的なことを言って自分の優位性を保とうとしているのです。相手を批判しないで褒めることは、自分の敗北を認めるという意識になってしまっているのです。もし、このようなタイプの人がチームにいたとしたら、その人が何を望んでいるかを考えてみましょう。すると、見えてくることがあります。負けるのが怖い人の心の叫びです。それは、「褒めて欲しい」「尊敬して欲しい」「認めて欲しい」「愛して欲しい」などの心の叫びです。このような心の叫びが見えてくると、その人との距離も近づいてくるかもしれません。そして、その人が求めている言葉をかけてみましょう。その人との関係が変わるきっかけになるかもしれません。

褒めると負けの意識は職場だけでなく、夫婦間でも発生しているケースがあります。夫婦がライバルのようになってしまっているのです。「私がこれだけやっているのだから、あなたもこれだけやって欲しい」職場での雇用契約関係と同じように、家庭でも雇用契約関係のような感じになってしまっています。家庭では、勝ち負けでも契約関係でもなく、相手の幸せを想って行動するのです。勝とうとするのでなく、〝負けるが勝ち〟、これが家庭円満の秘訣なのかもしれません。

●その人に関心がない

褒めるために大切なことは、いつも関心を持って相手を見ていることです。「愛情」というアンテナを張って見ていると、小さな変化に気づくことができます。すると「褒めたり」「認めたり」することができます。人は無関心が一番悲しいのです。あるサービス業のアルバイト社員の退職理由は、店長に声をかけてもらったこともないということでした。

「お客様を大切にって言うけれど、私たちアルバイトのことなんか、店長は全然相手にしてくれないよね」と言って辞めたそうです。逆に店長が「いつもあなたを見ているよ」というメッセージを送ることができると、部下は勇気づけられるのです。どんなに苦しくても店長の気づかいがあるから、頑張れるという部下もいるのです。まずは、相手に関心を持つことが第一歩です。

●関心がないと見えていない

関心がないと見えていないということを体験してもらう方法があります。「自動車用の信号機の青はどこですか。左、真ん中、右のどちらですか」と質問します。そして、「歩行者用の信号の青は上、下のどちらですか」と質問します。両方とも正解できる人は50%以下です。その日の朝に車を運転してきた人も間違っています。青はどっちかなと関心を持っていないと人は見ていても記憶に残っていない、つまり、見ていないのと同じなのです。

もう1つあります。コンセントの穴の大きさは、①左が大きい、②右が大きい、③両方とも同じ大きさ、いずれが正しいですかと聞くのです。こちらは正解率が10%以下でした。実際に、その場で写真を見せています。すると、左のほうが大きいことに気づいて驚きの表情になります。コンセントの穴を生まれて初めて見る人はいないはずです。携帯電話を充電するときはコンセントの穴に差し込み口を入れているはずです。それでも、間違うのは関心を持って見ていないからです。

関心を持って見ていないと、こんなことにも気づいていないのです。会社のこと、チームメンバーのことなども同様です。関心を持って見ていないと何も見ていないのと同じなのです。

愛情の反対は何でしょうか。憎しみ、怒りでしょうか。

どちらでもなく、〝無関心〟だそうです。マザー・テレサの言葉だそうです。憎しみや怒りは相手の存在を認知しています。そして、相手を人として見ています。〝無関心〟は、相手を人として見ていません。その存在さえ認知されていません。だから、これが最も愛情のない行為かもしれません。人は寂しいと、相手に怒りをぶつけることがあります。「もっと、私を見て、私に関心を持って」という気持ちが怒りに変わるのです。

では、関心を持っていることを表現するにはどうしたらいいのでしょうか。直接、「私はあなたに関心を持っています」と、伝えることではないと思っています。なにげない、朝の挨拶や呼ばれたときの返事、そして、接するときの優しい笑顔とアイコンタクト、話を聞くときの、うなずきとあいづちだと私は思っています。だから、愛情を伝える行動はそんなに難しいことではなく、本当はとても簡単なことなのです。しかし、職場でも家庭でもおろそかにされているのが、このようななにげない行動なのです。愛情というアンテナを立てたらどうしたら相手が嬉しいかという心の声が聞こえてきます。すると、その声に応えて、笑顔で優しく行動することができるはずです。相手が嬉しいこと、喜ぶことをする人がいるとチームは明るく元気になります。

●相手のよいところに気づく

リンゴの絵を2つホワイトボードに描きます。1つは丸いリンゴ、もう1つは欠けたリンゴです。どちらが気になるか聞きます。すると、ほぼ全員が欠けたリンゴが気になると答えます。人は欠けたものが気になるようになっているのです。欠けたものとは、欠点、問題点、不安なところ、嫌なところなどと置き換えることができます。もし、それらが気にならなかったら、自分の生命を守ることができなくなるでしょう。たとえば、ふだんと違って街の中でクマが歩いていたとしたら、逃げないと襲われるかもしれません。そのようなことに気づいて命を守るために、欠けたところや不安なことに気づくＤＮＡが人間には植え付けられているのです。それは誰にでも備わっているものです。

しかし、人を見たときにいつも欠点ばかり気になってしまうと、その人とのよい関係を築くのが難しくなります。人を見るときは、リンゴの欠けたところではなく、実のある方、つまり、よいところを見るとよいのです〝よいところは何かな〟と思って見ると、その人のよいところに気づけるはずです。

そして、自分自身を見たときも欠点ばかりを見てしまうと、セルフイメージを下げてしまいます。自分自身もよいところを見るのです。

よいところを見る習慣を身に付ける方法があります。それは前述した最近うれしかったことを話すことなのです。最近のできごとの発表、もしくは最近のニュースを話してくださいと言うと、マイナ

〔図表７　欠けたリンゴが気になる〕

スのできごとの発表が多くなります。最近うれしかったことをテーマにチームで話をすると、みんなを笑顔にすることができます。うれしかったことをテーマにして、定期的にチームで発表をする時間を取るようにすると、うれしかったことを話すために、うれしかったことを見つけて準備するという習慣が身についてきます。それがよいところを見る習慣にもなるのです。

チームリーダーになる人にはよいところを見る習慣が欠かせません。チームメンバーのよいところを見つけられる人をチームリーダーにするとチームがうまく回るようになります。

チーム全員でうまくいったこと、がんばったことのプレゼンをしてもらったことがありました。そのときに、その場でダメな自分を吐露する人もいました。子ども時代や学生時代に、何かあると反省しなさいと言われて、ダメな自分を伝えることが習慣になっていたのかもしれません。

リンゴの欠けたところを探して、それを人に言うのが大好きな人がいます。自分の欠けたところだけでなく、他の人の欠けたところを見るのも習慣になっているのです。

欠点を見る人は過去を見ています。そうでなく、未来を見たほうが体と心が楽になります。「何で失敗したのか」とできない原因を探す質問よりも、「どうしたらうまく行くのか」という質問をして、未来を見ることです。反省ばかりをしている人生は暗くなるし、それを聞いている周りの人も嫌な気持ちになります。それに、人生は短いので、反省ばかりをしている時間はないはずです。

●褒め言葉単語テスト

チームメンバーに褒める単語をできるだけ多く書いてもらうとチームの褒める風土の現状がわかります。次のように進行します。

「時間は7分間です。単語でよいので、褒め言葉をたくさん書いてください」

褒める単語を書く試験です。すると、なかなか書きだすことができない体験をすることができます。褒める目的や重要性はわかっているのだけれど、そもそも褒める単語が記憶されていないことに気づくことができます。

英会話をする際には、英単語が記憶されていないと英会話はできません。褒めるのも同様で、褒める単語が記憶されていないと褒め言葉が出てこないのです。褒めるのが苦手だと言う人がいます。褒めるのが苦手なのではなく、褒める単語が脳の中にインストールされていないのです。それは、褒める単語を覚える機会がなかったこと、言われた体験が少なかったこと、そして、言った体験が少なかったことが大きな原因なのです。そのことに気づくのがこのテストの目的です。

一般的な会社の平均は35個です。退職者が多い会社でこのテストをしました。平均が15個でした。中には10個程度の人もいました。言葉は習慣なので、日常会話で相手を褒める言葉を使っていないこと、そして、相手のよいところを見る習慣もないことがわかりました。相手の欠点ばかりを指摘し、よいところに気づかない職場の空気。退職者が多い原因はそこにあったのです。

〔図表８　ほめことばあいうえお表200選〕

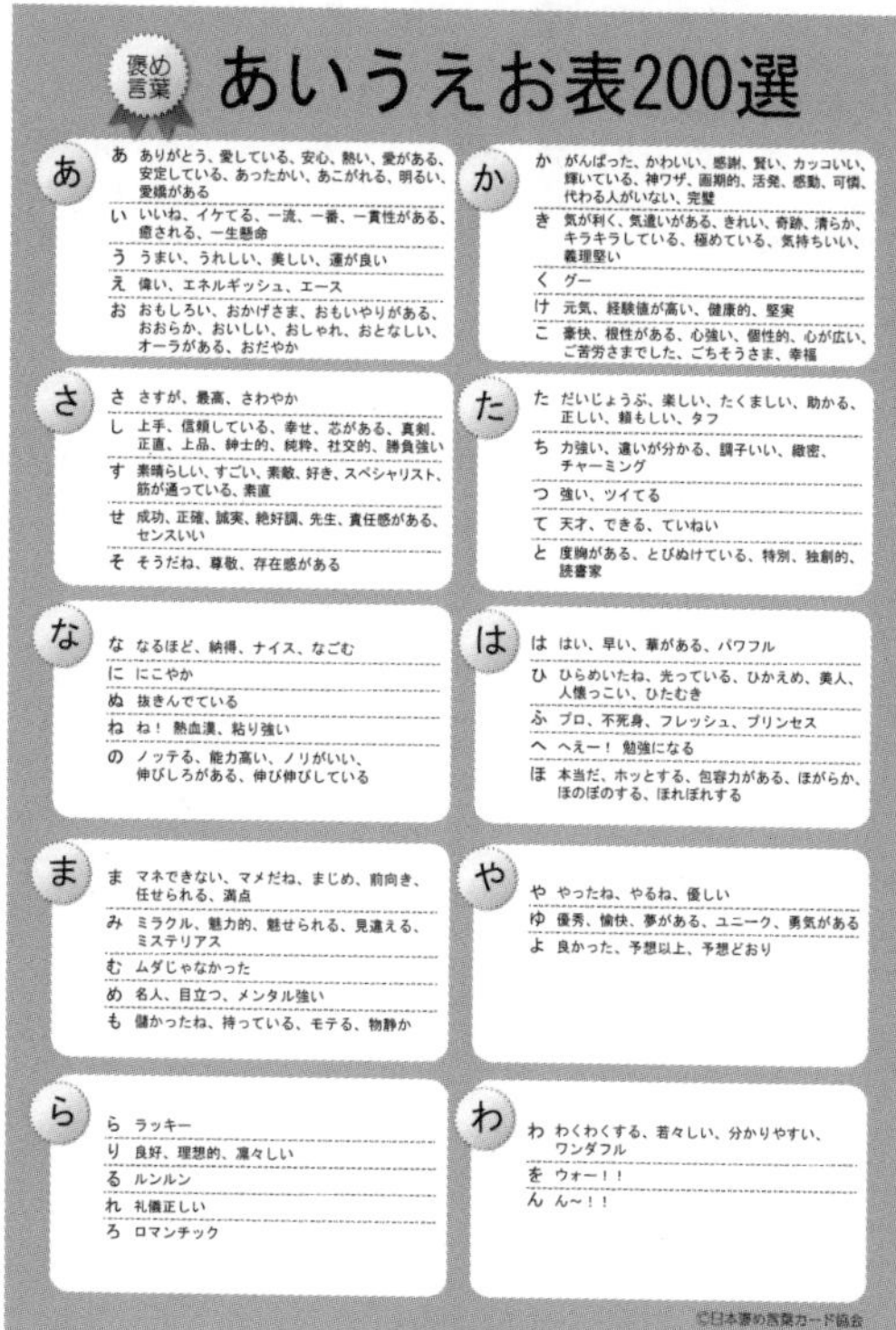

褒め言葉 あいうえお表200選

あ
- あ　ありがとう、愛している、安心、熱い、愛がある、安定している、あったかい、あこがれる、明るい、愛嬌がある
- い　いいね、イケてる、一流、一番、一貫性がある、癒される、一生懸命
- う　うまい、うれしい、美しい、運が良い
- え　偉い、エネルギッシュ、エース
- お　おもしろい、おかげさま、おもいやりがある、おおらか、おいしい、おしゃれ、おとなしい、オーラがある、おだやか

か
- か　がんばった、かわいい、感謝、賢い、カッコいい、輝いている、神ワザ、画期的、活発、感動、可憐、代わる人がいない、完璧
- き　気が利く、気遣いがある、きれい、奇跡、清らか、キラキラしている、極めている、気持ちいい、義理堅い
- く　グー
- け　元気、経験値が高い、健康的、堅実
- こ　豪快、根性がある、心強い、個性的、心が広い、ご苦労さまでした、ごちそうさま、幸福

さ
- さ　さすが、最高、さわやか
- し　上手、信頼している、幸せ、芯がある、真剣、正直、上品、紳士的、純粋、社交的、勝負強い
- す　素晴らしい、すごい、素敵、好き、スペシャリスト、筋が通っている、素直
- せ　成功、正確、誠実、絶好調、先生、責任感がある、センスいい
- そ　そうだね、尊敬、存在感がある

た
- た　だいじょうぶ、楽しい、たくましい、助かる、正しい、頼もしい、タフ
- ち　力強い、違いが分かる、調子いい、緻密、チャーミング
- つ　強い、ツイてる
- て　天才、できる、ていねい
- と　度胸がある、とびぬけている、特別、独創的、読書家

な
- な　なるほど、納得、ナイス、なごむ
- に　にこやか
- ぬ　抜きんでている
- ね　ね！　熱血漢、粘り強い
- の　ノッテる、能力高い、ノリがいい、伸びしろがある、伸び伸びしている

は
- は　はい、早い、華がある、パワフル
- ひ　ひらめいたね、光っている、ひかえめ、美人、人懐っこい、ひたむき
- ふ　プロ、不死身、フレッシュ、プリンセス
- へ　へえー！　勉強になる
- ほ　本当だ、ホッとする、包容力がある、ほがらか、ほのぼのする、ほれぼれする

ま
- ま　マネできない、マメだね、まじめ、前向き、任せられる、満点
- み　ミラクル、魅力的、魅せられる、見違える、ミステリアス
- む　ムダじゃなかった
- め　名人、目立つ、メンタル強い
- も　儲かったね、持っている、モテる、物静か

や
- や　やったね、やるね、優しい
- ゆ　優秀、愉快、夢がある、ユニーク、勇気がある
- よ　良かった、予想以上、予想どおり

ら
- ら　ラッキー
- り　良好、理想的、凛々しい
- る　ルンルン
- れ　礼儀正しい
- ろ　ロマンチック

わ
- わ　わくわくする、若々しい、分かりやすい、ワンダフル
- を　ウォー！！
- ん　ん～！！

●ほめことばあいうえお表音読

一般社団法人日本褒め言葉カード協会が作成した〝褒め言葉あいうえお表〟200選を音読すると、褒める風土の土台ができあがります。

これは延べ2000人からアンケートを取って、言われてうれしい褒め言葉をあいうえお順に並べたものです。これを順番に声に出して読んでいきます。チームリーダーは次のことを伝えます。「音読する人は、気持ちを込めてそれを声に出してください。表情でも伝えてください。そして、聞く方は褒め言葉を見ながら、1つひとつの褒め言葉を自分が言われたと思って心で感じながら聞いてください」。

この実習をやると、チームメンバーの表情がだんだんに笑顔になっていきます。上機嫌の笑顔に変化していきます。場の空気を変える効果があります。

●即効褒め言葉

チームメンバーを4人〜6人のグループに分けます。全員に1枚ずつ付箋を配布します。それに自分の褒めて欲しい褒め言葉を書きます。自分のモチベーションの上がる褒め言葉を1つだけでいいので大きく書きます。それを班の全員が見える場所に置きます。たとえば、「元気」、「明るい」、「たくましい」、「頭がよい」、「かわいい」「カッコいい」などです。それを1人ずつ班の全員が褒めていくのです。アイコンタクトをしながら、表情と態度で書いてある言葉を本気で言うのです。褒められた人は、「ありがとうございます」と応えます。一周したら、さらに本気度を上げて、もう一周続けて褒めていきます。スピードも大切です。たった3分で班のメンバーが明るく元気になります。

特別編として、その日に誕生日の人がいるようなケースでは、全員でその1人のために希望する褒め言葉を言うのも楽しくて盛り上がります。

●マイナス語W

褒め言葉Wの反対がマイナス語Wです。あるチームメンバーの発言で「腹が立つほど重い荷物を運んだ」と聞いたことがあります。「腹が立つ」と「重い」の両方とも暗い気持ちにさせるマイナス語です。それを2つ重ねたのがマイナス語Wです。そのときの気持ちは伝わってきますが、暗い気持ちも同時に相手に感じさせてしまいます。聞いているほうもやる気がどんどんなくなっていきます。

他のマイナス語Wの事例ですが、「苦しくて嫌だ」、「本当にやる気が出ない」、「しんどくて辛い」など考えたらたくさん出てくるかもしれません。

マイナス語の前に、副詞を付けても同様になります。たとえば、「すごく悔しい」、「とても苦しい」などです。チームビルディングに失敗するチームリーダーは、無意識にマイナス語Wの言葉をチームメンバーに言っています。「本当にバカだな」、「全く仕事ができないな」、「もういい、お前なんかいなくていい」などです。成功しているチームリーダーは、相手はもちろん独り言でもこのマイナス語Wを使うことはありません。

パワーハラスメントの問題を起こしている会社は、このマイナス語Wを撲滅する運動をするとよいでしょう。まず、当事者に気づいてもらうことです。本人は叱って指導しているつもりでも、言い過ぎるとパワーハラスメントになります。そのときの言葉は、ほとんどがマイナス語Wになっているのです。

●褒め言葉W実習

褒め言葉Wとは、褒め言葉を2つ重ねて相手を褒める方法です。たとえば、「明るい」と「元気」の褒め言葉を2つ重ねて、「明るくて元気」と相手を褒めるのです。「楽しくて幸せ」「最高におもしろい」「きれいで美しい」など、重ねて言うと効果が大きくなります。「とても」、「本当に」などの副詞を肯定語の前につけて言っても同様の効果があります。「とても楽しかった」、「本当に嬉しい」などの言い方です。相手に与える嬉しさは、2倍以上になります。

さらに、相手の心をつかむ褒め言葉Wの使い方があります。「やっぱり」、「意外と」、「本当は」などと組み合わせて相手を褒めるやり方です。「やっぱり」と「優しい」で組み合わせると、「やっぱり優しい」ということになります。「前から優しいと思っていました。今でも優しいと思っていますという気持ちを表現することができます。「やっぱり能力高い」「やっぱり頼りになる」「やっぱり飛び抜けている」など応用できます。

さりげなく言うと効果が大きいのは、「意外と」の後に褒め言葉を付け加えるやり方です。「意外と優しい」「意外と素直」「意外とおもしろい」などです。また、「本当は」の後に褒め言葉を加えるのも、〝私だけがあなたのよさを知っている〟と表現できる効果があります。「本当は素直」「本当は優しい」「本当はロマンチック」などです。

この褒め言葉Wは、自分自身に向かって言う習慣のある人は少ないものです。聞く方にも、また言う方にとっても、2つ重ねて言う効果はとても大きくなります。成功するチームリーダーは褒め

〔図表９　参考資料〜職場で言われてうれしい言葉〕

①よくやっているね
②君ならできる
③ありがとう
④助かった
⑤いつもがんばっているね
⑥元気だねえ
⑦いいね
⑧〜さんに頼めば安心だ
⑨仕事が早いね
⑩誠実な仕事ができるね
⑪気配りがあるね
⑫あなたのおかげで職場が明るいね
⑬さすが
⑭よかったよ

＊組み合わせて褒め言葉Wにするとさらに効果が大きくなります。
例：「ありがとう、助かったよ！」「仕事が早いね！○○さんに頼めば安心だ！」
「元気だねえ！あなたがいると職場が明るくなるよ！」

言葉Wをチームメンバーに言うことが習慣になっています。

●ホメホメトランプ

企業研修でホメホメトランプを使った研修をしています。

ホメホメトランプは、家庭や学校、社会人にとって、コミュニケーションに欠かせない褒め言葉を厳選し、全部で54枚のトランプにしたものです。言葉だけでなく、可愛いキャラクターといっしょに絵で見ることができるので、褒め言葉を楽しく記憶にとどめることができます。
たとえば、褒めることが苦手なのは、すぐに褒め言葉が出てこないからです。そして、相手が喜ぶ褒め言葉がわかっていないからです。ホメホメトランプを使った遊び方で、相手が喜ぶ褒め言葉が簡単にわかります。

何度か繰り返して言っていると、相手が喜ぶ褒め言葉が無意識に出てくるようになります。楽しく褒める習慣を身に付けることができるのです。

職場でホメホメトランプをすると、職場での楽しい笑顔での会話が弾むでしょう。お互いを認め合う関係が深まるのです。

そして、楽しくトランプで遊んだ体験は、お互いの絆を強くすることになります。ホメホメトランプの効果は、相手が喜ぶ褒め言葉がわかって、相手を褒めるのが上手になる。お互いが褒められ認められて楽しい体験をすることができる。褒め言葉のシャワーを浴びてセルフイメージが向上するなどがあります。

〔図表10　ホメホメトランプ〕

―僕がホメホメトランプをつくったワケ―（藤咲徳朗）

家庭の事情で小学校しか出ていなかった父は、口数も少なく、気持ちを言葉にすることが不得意な人でした。それが原因だったのか、福岡県の炭鉱の町だった中間市で開いていた家業の自転車屋も繁盛しているとは言えない状況でした。

だから、僕は、欲しいものをねだることはいけないことだと思っていました。僕の友だちが、模型飛行機のおもちゃを持っていました。高価なおもちゃで、うちでは買ってもらうことは無理だとわかっていました。あこがれながらそれをながめていました。その友達はさわらせてもくれませんでした。

父は、おもちゃを買うその代わりにトランプで遊んでくれました。米軍の施設で運転手として働いたことがあったそうで、ポーカーなどでアメリカ兵と楽しんだそうです。父親に水のことを英語で何と言うかと聞かれたので、「ウォーター」って答えたら、米兵は「ワーラー」って言うと嬉しそうに教えてくれました。父親とは僕が幼稚園に入る前から、トランプをして遊んでいました。たぶん、１年間のうちの半分くらいは、遊んでいた感じがします。

そして、炭鉱も閉山して、たくさんの人が炭鉱住宅からいなくなりました。小学校１年生の頃は、全校で1 000人くらいの小学生がいたのだけれど、５年生になると300人ほどまで減少しました。買う人がいないので、自転車屋はうまく行かず、大阪に引っ越しをしました。父は短気な性格と口下手なところがあって、大阪では何度も仕事を変わりました。

そんな父の楽しみは、小学生だった子どもたちとのトランプ遊びでした。仕事から帰ると、私と妹との３人でトランプをして遊んでいました。毎日、１時間以上、遊んでいました。

私は小学校６年生だったので、父の苦労はわからないでいました。

家族の生活を守るために、嫌なことも我慢していることなど知らないでいました。大人になった今ならわかります。学歴もなく、口下手な父がどんなに苦労したか。

僕は今、ホメホメトランプをつくりました。父が小学生時代に教えてくれたトランプ遊びが、そのきっかけとなっているのは間違いありません。父がくれた最初の素晴らしいトランプ遊びという贈り物を忘れることはできません。そこには愛情がたくさん詰まっていました。トランプを見ると、いつも、言葉が下手で、子どもを褒めることさえも苦手だった父親のことを思い出します。父の悲しみや悔しさ、悩みや怒りさえも今ならわかります。

ホメホメトランプは、トランプをしながら褒め合うことができるトランプです。そのトランプを使ったセミナーでは、出会う受講者の１人ひとりを、家族のように成長を願いながら勇気づけています。来てくれる人たちには、父親が私にくれた優しいまなざしと、同じまなざしをおくっています。トランプをしながら、父親がどんなに私のことが好きだったかわかるようになりました。

天国から見ている父親のためにも、出会ったたくさんの人たちに夢と希望を与えることができたら幸せです。

～父親への感謝を込めて～　　藤咲徳朗

追伸

このような動機でつくったホメホメトランプをある中学校の校長先生が、生徒全員と遊んでくれました。いじめがなくなった。不登校がなくなったと伝えてくれました。小学校の授業時間にも使われるようにもなりました。ありがとうございます。天国の父も喜んでいると思っています。

●ほめ言葉サークル

チームメンバーが一気に打ち解ける方法があります。褒め言葉サークルです。やり方は、チームメンバー全員が丸く輪になって椅子に座ります。そばにいる人どうしが、ペアになって椅子に向かい合わせに座ります。Aさん、Bさんを決めます。Aさんが最初にBさんのよいところを1分間伝えます。Bさんは、言われるたびに笑顔で

「ありがとうございます」

と答えます。1分間たったら交代して、今度はBさんがAさんを褒めます。終わったら握手をします。

次にAさんが時計周りに移動して、新しいBさんとペアになります。新しいペアで最初にAさんがBさんによいところを1分間伝えます。終わったら交代してBさんがAさんを褒めます。終わったら握手をします。これをサークルで1周するまで続けます。終わったら、全員が輪になって感想を伝え合います。

ほとんど会話をしたことがないようなチームメンバーも、これをやった後は会話が弾むようになります。そして、何回も繰り返していくと褒めるのが苦手な人も慣れてきます。最初は1分間褒めることができなかった人も、できるようになります。相手のよいところに気づくようにもなります。

その日だけでなく、日を空けて、何度か繰り返しましょう。繰り返すことがポイントです。

ほめ言葉サークルの注意事項があります。ウォーミングアップの時間をたっぷりと取ることです。最近うれしかったことやどちらが好きかなどを体験した後だと効果が大きいです。

●褒めるときの心構え

褒めるときの心構えがあります。デール・カーネギーの「人を動かす」からの引用です。

「相手を褒めることで、私が何かを期待していた!! 何たることをいうんだろう!! 他人を喜ばせたり、褒めたりしたからには、何か報酬をもらわねば気がすまぬというようなけちな考えを持った連中は、当然、失敗するだろう」

褒めて相手から何かをもらうというような人は、褒められた人から見透かされてしまいます。その褒め言葉が嘘だったと思われてしまいます。心から、相手のことを思っている愛情や思いやりが入った言葉を伝えるのが褒めるということです。褒めるとは、見返りなど、もらおうと思わないで行なう行為です。もし、もらえたとしても、それは相手の喜びの笑顔くらいなのです。しかし、その相手の笑顔は、褒めた人にとっても最高の喜びになります。自分自身も笑顔になれるのです。笑顔の連鎖があったとしたら、いつも、そのきっかけとなっている最初に誰かを褒めている人が、一番の笑顔のよい人になっているのかもしれません。

もう1つ、デール・カーネギーの「人を動かす」からの引用です。

「お世辞は分別のある人には、まず通用しないものだ。お世辞というものは、軽薄で、利己的で、誠意のかけらもない。それが通用しなくて当たり前だし、また、事実、通用しない。結局のところ、お世辞というものは、利益よりむしろ害をもたらすものだ。お世辞は偽物である。お世辞と感嘆の言葉とは、どう違うか。後者は真実であり、前者は真実ではない。後者は心から出るが、前者は口

〔図表11　褒めるときのルール〕

①相手におもいやりをもつ
②相手に笑顔と優しいまなざしでおこなう
③相手をかけがえのないくらいに大切に思う
④相手を応援する
⑤相手の気持ちになる
⑥相手がうまくいかなかったとしても頑張ったことを褒める
⑦相手を明るく元気にする
⑧相手の未来に希望や夢を与える
⑨相手と一緒にいることを楽しむ
⑩相手に感謝の気持ちを持つ

から出る。後者は誰からも喜ばれ、前者は誰からも嫌われる」

褒めることは、相手を思い通りに動かすために、お世辞やおべっかを言うこと、もしくは相手に、こびへつらうことと勘違いをしている人がいます。そのような解釈や、言葉の意味の説明をしている辞書や文献を私は見たことがありません。

一般社団法人日本褒め言葉カード協会では、「相手を明るく元気にすること、夢や希望を与えることを目的として行う言動」を〝褒める〟と定義づけしています。具体的には、『ねぎらい、共感、好意的感嘆、笑顔、激励・応援、承認、よい点の指摘、プラスの可能性の示唆、感謝』などを伝えることだと教えています。

協会では褒めるときのルールを教えています。この10か条を守って相手を褒めると喜んでくれるでしょう。付録（１７４頁）に褒め言葉語録を載せました。褒めるときに大切な心がまえがわかります。

人に接しているときに、表情の変化が全くない人がいます。気持ちを伝えるときも言葉だけで伝えようとするので、相手に気持ちが伝わっていません。表情、アイコンタクト、身振り・手ぶりの大切さに気づかせてあげる方法があります。

2　表情力

●メラビアンの法則で不一致体験

メラビアンは、人と人とが直接顔を合わせるフェイス・トゥー・フェイス・コミュニケーションには、３つの要素（言語情報・聴覚情報・視覚情報）があると定義しました。そして、聞き手が、3つの要素に矛盾があるメッセージを受け取ったときに、どれを重要視するかを調べる実験を行いました。たとえば、「怒った顔の写真」を見ながら「不機嫌な声」で「ありがとう」と言う。このようなメッセージを聞かされたとき、受け手側が、話し手側の感情を「好意」と判断したら、「言葉」のインパクトが強い、と判断したのです。

「好意や反感などの感情を伝えるコミュニケーション」という特定の状況下において、言語情報と聴覚情報と視覚情報が矛盾した場合、相手が重視するのは『言語情報：メッセージの内容』が7%、『聴覚情報：声のトーンや口調』が38%、『視覚情報：ボディランゲージや見た目』が55 %だったそうです。

ここだけを切り取って、言語情報に価値がないと話す人が多いのだけれど、不一致のときという前提条件があったのです。

これを体感できる方法があります。相手に向かって〝笑顔〟の〝優しい声〟で〝ばか〟と言うのです。大半の人が、とてもうれしくなるそうです。〝ばか〟と言われて思わず〝ありがとう〟って応える人もいます。笑顔の表情や優しい声の方が言葉よりも、このような不一致のときは伝わるのです。たとえば、朝の〝おはようございます〟のあいさつは、言われてうれしいものです。しかしながら、その表情が嫌そうで、声も暗かったとしたら、言葉よりも表情が伝わるから相手には不快感を与えてしまうのです。不機嫌な職場は表情が暗いのです。

●喜怒哀楽体験

喜怒哀楽の4つの表情を当てる体験は大きな気づきがあります。ペアになります。一方が「喜」、「怒」、「哀」、「楽」の表情をランダムに1つずつおこないます。ペアの相手は、それを見てどの表情だったのか、その順番をメモしておきます。4つとも終わったら答え合わせをします。交代してペアのもう1人も体験します。

喜怒哀楽の表情が全くできていない人がいます。何をしても、どんなことがあっても喜んでくれない、失敗したとしても無表情、こんなチームメンバーがいたとしたら、他のチームメンバーはどのように対応したらいいのか迷ってしまうでしょう。

そして、この体験で自分の表情力の乏しさに気づくことができます。感情と表情が一致していない人がたくさんいます。怒る表情をつくれなくて笑顔になっている人もいるのです。本当の笑顔になるためには真逆の怒った表情もできないとなりません。振り子の法則なのです。

●笑顔とまじめな顔体験

普段の表情については、無頓着な人が多いです。自分の表情が相手を不快にさせているかもしれないと気づくことができる方法を紹介します。

「笑顔」と「真面目な顔」と書いた付箋を用意します。受講者の中から2人を選びます。その2人に相手の内容がわからないように別々に付箋を渡します。そこにいる全員に参加してもらってどんな表情か当てていきます。

「笑顔」はわかりやすいです。ところが、「まじめな顔」を見て、いろいろな答えが出てきます。「まじめな顔」は他の人から見ると「怒った顔」になる人がいます。もしくは、「恨んでいる顔」や、「悲しい顔」、「無表情」と言われる人もいます。相手が自分の表情を見て感じる感情は、自分の思っているものとは違うことに気づくことができます。「まじめな顔」で一生懸命に仕事をしている人がいます。しかし、それは周りの人からは「怒っている顔」に見えるケースが多いのです。

不機嫌な職場は、まじめな顔で仕事をしているチームメンバーがつくっているケースがあります。

その表情が怒っているように見えるからです。見ている人がいることを意識しておく必要があります。上機嫌な職場をつくるためには、にこやかに仕事をすることの大切さも意識しておきましょう。

●無言誕生日実習

言葉にしなくても非言語の情報でコミュニケーションが伝わる体験ができる実習があります。全員が誕生日の月日の順番に丸く順番に輪になって並ぶ実習です。次の注意事項を伝えます。

「これから誕生日の順番に並んでください。年齢は関係ありません。月日の順番に並びます。たとえば、１月１日生まれの人から円がスタートします。インストラクターの私が基点になります。次々に並んでいって円の最後は12月31日になります。ただし、言葉を出してはなりません。身振り、手振り、アイコンタクト、表情で意思を伝えあうことはかまいません」。

時間をタイマーで計測して、スピード感を出すと真剣になってくれます。この実習では、言葉にしなくてもお互いのコミュニケーションができる体験をします。ノンバーバル（非言語）のコミュニケーションの重要性を感じることができます。身体を使って全員でやるので場が活性化される効果もあります。ちなみに、この実習では話をしっかりと聴く習慣がない人ほど間違うようです。

ところで、その日、誕生日の人がいたりしたときには、サプライズとして皆でハッピーバースディーを歌うと盛り上がります。チームメンバーの絆を深めることができます。

●好きな芸能人は誰

一瞬で表情がよくなる方法があります。好きな人のことを思い浮かべることです。チームメンバーを集めて、好きな芸能人を1人ずつ発表をしてもらうと、最高の笑顔で話してくれるでしょう。ふだん見ることができない笑顔になっている人もいます。それを見ている他のメンバーも笑顔になることができます。

3 体を動かすチームビルディング

行動しない人は、頭だけで考えてばかりいるので五感がさびついてしまっています。周りの人から見ると、その人の表情は喜んでいるのか、悲しんでいるのかさえわからなくなっています。体を動かしたチームビルディングがあります。

●新聞紙お手玉ゲーム

マンネリ気味のチームが活性化される方法があります。新聞紙お手玉ゲームです。コミュニケーションが取れて仲良くなれます。沈滞気味な朝礼を活性化したいときにもいいかもしれません。

用意するものは新聞紙だけです。新聞紙の1枚の半分を使います（これを人数分用意します）。ハサミはいりません。きれいに切らなくて、手で適当に破って半分にしてかまいません。それを丸めてお手玉にすれば準備ＯＫです。

そして、集まった人を4人から5人にグループ分けをします。グループになったら、それぞれのグループで、その新聞紙のお手玉を同時にパスして、1分間に何回パスできるかを競うゲームです。最初は数回しかできないでしょう。練習時間を3分ほど取って、それぞれのグループで練習をしてもらいましょう。約3分たったら、作戦タイムを設けます。位置や並び順や掛け声のかけ方、そして、お手玉の大きさなどを話し合って改善するのです。その後に3分間ほどの練習をして本番です。

本番は1分間です。グループごとに本番を実施します。ストップウォッチを用意して、それぞれのグループごとに回数を計ります。開始前に目標回数をメンバーに聞いてみましょう。そして、全員が1つのグループに注目して、グループ対抗にすると、結構熱くなります。練習と改善効果で50回以上できるグループも出てきます。

賞品を用意して、グループに注目して、皆で声援を送るようにしましょう。

終わったら、チームワークという観点で振り返りをしましょう。いろいろな意見が出てくると思います。「最初は、ほとんどできなかったことが、みんなでやると決めて行動するとできた」、「目標を持つことが大切だとわかった」、「チームリーダーの役割を果たす人がいた。リーダーシップの大切さがわかった」「あきらめなかった。負けたくないと思った」などです。

この体験を観察すると、普段の仕事ぶりも推測できます。リーダーシップを振るう人、一生懸命熱くなってやる人、冷めた感じで周りに合わせているだけの人、考えるよりも練習する人、考えてばかりで練習をしない人などです。

このような態度を見て、リーダーシップのある人を見極めることもできます。

たとえば、採用面接でのグループワークとしても使えます。私が採用をするとしたら、一生懸命に熱くなってやる人を採用します。行動力があり、現場でも一生懸命に仕事をしてくれる可能性が高いからです。そして、チームリーダーには熱くなって行動をする人を選抜するようにします。

●本気のジャンケン体験

朝礼や研修で集まった人どうしで、2人のペアになります。ルールは簡単です。次のように説明します。「ジャンケンをして勝った人は本気で身体を使って喜びを表現しましょう。負けた人も身体を使って悔しさを表現しましょう」。こう言ってから、チームリーダーは、近くの人とペアになってやって見せます。すると、イメージが伝わります。そして、次のように進行します。

「はい、それでは全員ペアになりましたか。本気のジャンケン、スタート！」一斉にジャンケンが始まります。勝って本気でこぶしを上げて喜ぶ人がいます。負けて倒れこむ人がいます。1回だけで終わってもいいですし、そのまま、勝ち抜きで本気のジャンケン大会をするのも盛り上がります。

●ハイタッチ体験

嬉しいときに身体で喜びを表現するハイタッチ体験があります。ボウリングでストライクを出したときに、仲間どうしでハイタッチをするイメージです。

たとえば、前述の本気のジャンケンで勝った人どうしでハイタッチをすると盛り上がるでしょう。

やり方は、2人ペアになって、右手どうしでタッチ、左手どうしでタッチ、そして両手でタッチをする動作を3回連続でやるとリズム感も出てきます。

●一番ポーズ体験

たった1分で元気になる体験ができます。立って足を肩幅に開いて、腰に手を当てて、一本指で上を指しながら、プラスの言葉を言うのです。「一番」、「やった」、「できる」、「いいね」など、自分の好きな言葉を言ってみましょう。すると、五感が反応して、明るくなるのです。

そして、このポーズのまま、否定語を言っても気持ちは元気になることも体験しましょう。「いやだ」、「ムリ」、「できない」などの否定語です。上を向くと、これらの否定語を言っていても、気持ちが明るくなることを体験できるのです。否定語を言わないでおこうと思っていても、つい、言ってしまうものです。その際は、上を向いて言うようにしましょう。気持ちが軽くなって、むしろ、明るく元気になれるのです。

●決意の体験

私たちは、はなから目標達成についてあきらめてはいないでしょうか。自分自身があきらめていたら、どんなによいやり方を選んでも目標達成はできません。また、軽い気持ちで「できたらいいな」、「やろうかな」程度の思いでは目標達成はできません。やろうと本気で決意しないことは決して実現しないのです。そのことを体験できる方法があります。

準備するものは椅子1つだけです。この椅子に座った人を、他の4人が指だけで持ち上げるのです。持ち上げる人は、指を両手で組んで人差し指だけを突き出す形にします。そして、4人がそれぞれ持ち上げる人の脇の下と、ひざの下に組んだ両手の人差し指を入れて持ち上げるのです。

最初は何の説明もしないで、持ち上がるかどうかをやってもらいます。通常は持ち上がりません。持ち上がったとしても少し浮く程度です。次に気持ちを1つにしていただきます。

リーダーを決めて、持ち上げる人の頭に手をかざして、やるぞと気持ちを1つにします。全員で持ち上げると強く決意してもらいます。そのために、「やるぞ！」と全員が大きな声を出します。気合いを入れて再度実施すると、軽々と指だけで持ち上がります。

やると決意することで結果が違うことがわかります。1人ひとりに、この実習の体験の感想を聞くと効果が大きくなります。

「最初は全然できないと思った」、「ムダなことをやっていると思っていた」、「いつも最初からあきらめている自分がいた」などの感想を聞くことができます。

たとえば、言葉で「〜〜したいと思います」というクセのある人がいます。その人はほとんどしたいことは実現しないでしょう。「〜〜します」と強く決意する人が実現できる人です。

4　よい習慣を身に付ける

チームを明るく元気にするためには、ふだんの習慣を変えないとなりません。不機嫌な表情や言動をするのはそれが習慣になっているからです。習慣力強化の楽習チームビルディングがあります。

●私は誰だろう

次の詩を読んでもらって、「私は誰」と質問をしていきます。出てきた答えをホワイトボードに書きながら進めましょう。

『私は誰だろう』

私はいつもあなたのそばにいる。
一番頼りになる助け手でもあれば、あなたが背負う最大の重荷でもある。
成功の後押しもすれば、足を引っ張って失敗にも導く。
私はあなたの命令次第で動く。
あなたのすることを私に任せてくれれば、

私は素早く正確に片付けてしまう。

私の扱いは簡単。
しっかり指示すれば、それでいい。
どのようにしてほしいのかを明確に示してくれれば、
少しの練習のあとで自動的にそのことをこなす。
私はすべての偉人の下僕であり、
そして残念ながら、すべての失敗者の下僕でもある。

偉大な人が偉大になったのは私のおかげ。
失敗した人がしくじったのも私のせい。
私は機械ではないが、機械のように正確に、
そして知性あふれる人間のように賢く働く。
利益になるように私を使うこともできるが、
破綻をきたすように使うこともできる。

私にとってそれはどちらでもよい。

私を利用して訓練し、しっかりと指示してくれれば、
世界をあなたの足もとに届けてあげよう。
しかし、私を甘く見れば、あなたを滅ぼすだろう。
私は誰だろうか？

（作者不詳）

まず、チームメンバーに答えは何か聞いてみましょう。「心」「脳」「自分自身」などの答えが出てきます。考えてもらった後に、答えは「習慣」だと教えます。

偉大な人が偉大になったのもよい習慣を持っていたからです。失敗する人は失敗する悪い習慣を持っていたからです。そんなことがこの詩で理解できます。

●後出しジャンケン体験

チームリーダーがジャンケンで出したものに対して、後出しでよいのでチームメンバーが勝つというジャンケンをします。たとえば、チームリーダーがグーを出すと、チームメンバーはパーを出すのです。違うものを出しながら何度か繰り返していきます。後出しだからスムーズに勝つことができます。

次に、後出しジャンケンで負けることをチームメンバーに指示します。チームリーダーがグーを

出したら、チームメンバーはチョキを出すのです。違うものを出しながら何度か繰り返していきます。すると、勝つよりも負けるほうが難しいことに気づくでしょう。ジャンケンは勝つという習慣を自動的に身に付けているからです。この体験で自分自身が習慣で行動していることに気づかせることができます。

●逆腕組み体験

「腕組みをしてください」と伝えます。そして、どちらの手が上になっているか確認してもらいます。次に、上になっている手と下になっている手を逆にして腕組みをしてもらいます。上になっている手を下にすることに違和感を覚えるはずです。

受講者の中には、手を逆にしようとして、手をクルクル回したまま腕組みができない人もいます。習慣が働いて自動的に慣れた方の手を上にしてしまうのです。習慣で動いていることが実感できる体験ができます。

●否定語・肯定語体験

言葉には肯定語（ポジティブな言葉）と否定語（ネガティブな言葉）という分類があります。たとえば、職場で「この仕事をお願いします」と言われて、「忙しくてできません」というのは否定語です。さらに、「私にはムリです」、「できません」、「むずかしい」という否定語もあります。否定語を言われると、エネルギーがなくなっていく感じがするはずです。それを体験できる方法があります。

まず、ペアになります。１人が右腕を横に伸ばしたまま肩の位置までまっすぐに伸ばします。そのまま力を入れてもらいます。もう１人の人が、それを上から徐々に力を入れて下に下げようとします。相当な力が必要になるはずです。

次に「いやだ」「ムリ」、「できない」と言葉に出して3回言ってもらいます。そして、腕を同じように横に伸ばしてもらって、もう１人の人が上から徐々に力を入れて下げていきます。すると、ほとんど力を入れなくても下に下がるはずです。

そして、今度は「できる」、「強い」、「すごい」と3回言って同じように手に力を入れてもらい、もう１人が手を上から下げようとします。なかなか手ごわくて下がらないはずです。１人が体験したら、ペアを変えて体験してみましょう。

言葉には強い効果があります。口に出した言葉も効果があるのだけれど、思っただけでも効果があります。成功する人は肯定語を使ったプラスの効果を使っています。失敗する人は何気なく否定語を使っているのでマイナス効果を使っているのです。

●脳は否定形を理解できない

肯定形で話す大切さを教えることができるよい実習があります。受講者全員に目をつぶってもらいます。そして、これから私の言うとおりにしてくださいと伝えておきます。

そして、次のことを話します。「ピンクのゾウをイメージしないでください」。もう一度、言います。「ピンクのゾウをイメージしないでください」。目を開けてもらって、受講者の1人に頭の中に何があるか聞いてみます。「ピンクのゾウ」そう答えるはずです。

ピンクのゾウをイメージしないでくださいと言われても、頭の中にはピンクのゾウがイメージされているのです。「ピンクのゾウ」という最初の言葉で、イメージしてしまうのです。一度、イメージしたことは「しないでください」と言われても記憶に残っているのです。

例題です。

「バレエを踊っているクマのことをイメージしてはいけない」

↓バレエを踊っているクマをイメージしたと思います。

「赤いハチマキをしているタコのことをイメージしてはいけない」

↓赤いハチマキのタコをイメージしたと思います。

だから、この否定形で言葉を話す習慣のある方は、相手にも自分にもマイナスの結果を出す傾向があるのです。

「入学試験に落ちないように頑張れ」

↓入学試験に落ちることをイメージしてしまう。

「交通事故に気を付けなさい」

→交通事故をイメージしてしまう。

「酔っぱらい運転をするな」

→酔っ払い運転をイメージしてしまう。

「風邪をひかないように気を付ける」

→風邪をイメージしてしまう。

「嫌われないように相手に接する」

→嫌われることをイメージしてしまう。

このような言葉の使い方は、最初の言葉でイメージをしてしまうので、そのイメージに影響をされてしまいます。

「〜してはいけない」、「〜するな」などのような言い方が習慣になっている人がいます。それが、マイナスの効果があることをわかっていないとなりません。チーム力を上げるためには、肯定形で話すチームを築かないとなりません。

そして、言葉に出さなくても、思っただけでも同じようにマイナスの効果があります。

たとえば、「会議の発表で失敗しないようにしよう」と思うと失敗という言葉に引きずられてマイナスのイメージを持ってしまうのです。すると、会議に出ることが嫌な気持ちになります。その嫌な気持ちが表情や態度に出てしまって、会議の発表で失敗するかもしれません。

人は心の中で思うこと（＝内部対話）の９割以上が否定的なことだというのが心理学の定説です。

この内部対話を肯定的なものに変えるために、チームメンバーが肯定語を話す習慣を身に付けて、お互いによい影響力を与えるようにすると、1人ひとりの内部対話も肯定語が多くなってくるのです。すると、表情や言動が不機嫌から上機嫌に変化してきます。

●リフレーミング体験

事実は変わらないかもしれませんが、とらえ方を変えると、自分自身の受取り方や反応や行動が変わります。事実のとらえ方を言い換える実習をしてみましょう。

4人程度のグループになって、メモに困った状況を書いて発表をしていきます。たとえば①「物事がすぐには決められない」、②「すぐ忘れる」などです。これらを皆で話し合いながら、肯定的な言葉に変えていきます。

①は、「慎重なんですね」と置き換えることができます。

②は、「大らかなんですね」と置き換えることができます。

私が参加した実習で、ある女性が「切れやすい」のが欠点だと話していました。周りの人に対して〝瞬間湯沸かし器〟のようになって怒ってしまうそうです。

「情熱的なんですね！」と、私が言い換えて伝えると、その女性は満面の笑顔になりました。「切れやすい」自分を前向きに捉えることができたと話してくれました。

同じく4人程度のグループになって、今度はよい状況をさらにパワーアップして言い換える実習をします。よい状況をメモに書いて発表をして、これらを皆で話し合いながら、パワーアップして言い換えるのです。

たとえば、①頭がいい↓天才。②姿勢がいいね↓姿勢が美しい。③よいことがあった↓夢みたいによいことがあった。④笑顔がいい↓笑顔がキラキラと輝いています。

このような言い換えが難しければ、「最高」、もしくは「素晴らしい」、この言葉をプラスしてよいことを表現すると、簡単にレベルアップした言い換えになります。

たとえば、おいしい↓最高においしい、さわやか↓最高にさわやか、などです。この言い換える能力がよいことの言い換えは、少しオーバー気味に表現するのがポイントです。この言い換える能力が高い人は周りの人を明るくしてくれます。

物事のとらえ方を変えて言い方を工夫すると、事実は変わらなくても、自分自身の感情や行動が変わってきます。結局は、どのような状況でも、自分のとらえ方しだいという柔軟な思考や態度が大切です。

●できないと思っていることは

自分自身の本当の思いを知る方法があります。付箋をチームメンバーに配布します。付箋に「できない」と思うことを書いてもらいます。ただし、「空を飛ぶ」など、常識的に考えて「できない」ことは除きます。日常生活の中で自分が「できない」と思っていることを書き出してもらいます。終わっ

〔図表12　盲点体験〕

たら、そこに書いてあることをホワイトボードに書き出していきます。

たとえば、①私は本を読むことができない。②私はタバコがやめられない。③私は飲酒をやめられない等です。

そして、書き出した「できない」と思うことを「しない」という文章に直してみます。

①私は本を読むことができない↓私は本を読むことをしない。

②私はタバコがやめられない↓私はタバコをやめようとしない。

③私は飲酒をやめられない↓私は飲酒をやめようとしない。

等です。すると、「できない」「無理だ」「不可能だ」と思っていたことが、実は自分の選択だったことがわかるのです。自分で自分にはめ込んでいた「できない」という『枠組み』に気づくことができるのです。できないことは、それをやろうと欲しないことが本当の理由なのです。そんなことはないと反論する人には、たとえば、タバコをやめたら1億円もらえるとしてもタバコを吸いますか？　その1本のタバコを吸ったら死ぬとしてもタバコを吸いますか？　と聞くと、それならやめると言うはずです。できないというのは、実は『しない』あるいは、『本当はしたくない』ということの「言い訳」なのです。そのことに気づくことができる体験です。

●盲点体験

素直になって話を聞かない、行動しないチームメンバーには知らないことがたくさんあることに気づく体験が必要です。自分の体のことさえ知らないことがあるとわかって、素直に学ぶ大切さを感じさせる方法があります。

まず左目を閉じます。そして、図表12の＋のマークを右目だけで見ます。右目で＋のマークを見ながら、となりの黒い丸の存在を確認します。直接に黒い丸を見てはいけません。視点を置くのは＋のマークのほうだけですが、視野の片隅に黒い丸の存在を確認します。そして、そのままゆっくりこの紙を近づけます。近づけながらずっと＋のマークを見つめておきます。すると、ある一定の距離（約30センチ～50センチくらいの所）で、この黒い丸が消えるポイントがあります。視覚の盲点に入ったからです。そして、そのままさらに近づけていくと、またこの黒い丸は現れます。実習をしていると、見えたり消えたりする不思議さに、体験者から歓声が上がることもあります。

目から情報が入ってくるときに受ける部分を網膜といいます。網膜には神経線維が束になって集まっている部分があります。その多くの神経が固まっているところは盲点といって、ここに情報が来ても全く見えないのです。ただし、両目の盲点はそれぞれ別の角度にあり、お互いが盲点をカバーしあっているため普段は気づきません。また、片目だけで見ても、その盲点が小さかったり、うまく脳が仕入れた情報を利用し補完してしまうので盲点に気づきにくいのです。

この実習で、自分の知らないことがたくさんあるとわかると、謙虚な気持ちになれるのです。すると、心のコップが上を向いていない人を上向きにすることができるのです。チームリーダーの言うことを素直に聞いてくれないチームメンバーがいたとしたら、この体験をしてもらうといいかもしれません。

5　コミュニケーション改善

●一方向コミュニケーション

チームメンバーの会話のクセを治すといいチームになります。たとえば、コミュニケーションのとり方が適切かどうかを体験で学ぶことができます。

まず、一方向コミュニケーションの体験をします。次の会話をロールプレイングで課長役と部下役で体験するのです。

課長「報告書の進み具合はどうだい」

部下「忙しくて、なかなか進んでいないんです」

課長「何やっているんだ。他の仕事もあるのに」

部下「私だって、一生懸命やっているんですよ」

課長「何がそんなに忙しいんだい」

部下「月末の事務処理です」

課長「そんな事務処理は、短時間で処理しなきゃ。そんなことじゃ人事考課に影響するぞ」
部下「コンピュータの入力の仕方が変わって、時間がかなり取られたんです」
課長「とにかく、結果が大事なんだ」
「君だって、先週やるって言ったはずだぞ」
部下「はあ」

●双方向コミュニケーション

次に双方向コミュニケーションの体験をします。同じように課長役・部下役で体験しましょう。
課長「報告書の進み具合はどうだい？」
部下「忙しくて、なかなか進んでいないんです」
課長「なるほど、それで何か原因があるのか？」
部下「月末の事務処理でかなり時間が取られたんです。それは、私だけじゃないと思います」
課長「それは、なぜなんだろうか？」
部下「コンピュータの入力の仕方が変わって、時間が取られたんです」
課長「それは、大変だったね」
「それについては、何か対策をとる必要があるかな？　もし、対策の必要があるとすれば、君の意見を聴きたいんだが」

部下「はい、総務部から新しいガイドが届きましたので、来週に課の勉強会を開きたいと思っています」
課長「それは、いいね。私も出席するよ」
部下「ありがとうございます。ぜひお願いします」
課長「ところで、報告書の遅れについてはどう考える？」
部下「はい、すでに見通しができていますので、大丈夫です」
課長「わかった。遅れた時間を挽回できるということだね」
部下「はい、そうです。がんばります」

チームメンバーが辞めるチームはチームリーダーの一方向のコミュニケーションが主流になっています。これを双方向のコミュニケーションに変えるだけでも離職率は改善されます。双方向のコミュニケーションのポイントは指導に重点を置いていることです。部下に考えさせて、自分で行動ができることを意図した指導をしているのです。このような楽習で体験すると、自分やチームの現状認識ができます。そして、改善行動のきっかけになります。

●叱る目的体験

叱り方で失敗して、チーム内でトラブルを発生させているケースがあります。これは叱る意味や目的を理解していないことが原因なのです。

チームメンバーに次の質問をしていきます。

①〝叱る〟という言葉を言われて、「何が見えますか？」
②〝叱る〟という言葉を言われて、「何が聞こえますか？」
③〝叱る〟という言葉を言われて、「何を感じますか？」

1つずつ質問をしながら、数人に質問の答えを聞いていきましょう。

①の答えは、ほとんどの人が、怒っている人の顔と情けなさそうに下を向いている人の顔が見えるそうです。②の答えは、大きな声で怒鳴っている声と、失敗をして謝っている人の声が聞こえるそうです。③の答えは、とても嫌な感じがして、その場から逃げたくなるそうです。これがほとんどの人が持っている〝叱る〟という言葉のイメージなのです。〝怒る〟と全く同じイメージなのです。〝叱ること＝怒ること〟という間違ったイメージを持っている人が多いのです。この間違った考え方を持つ人から叱られた人は、とても嫌な気持ちになるはずです。

次に叱る目的を聞いていきます。そして、何人かに聞きながら発表をさせると、考えながら正しい答えを見つけることができます。つまり、〝叱ることの目的は、間違っている言動を改善させること〟だと、自分たちで気づいていくことができます。感情的になって怒る必要もなければ、大きな声で話す必要もありません。

〝間違っている言動を教えてあげて、こうしたらうまく行くとアドバイスすればいい〟と気づくのです。間違っていることを指摘されただけでも、叱られたような気持ちになる人もいます。そのような人には、軽く声のトーンも優しく話すことです。あるいは、笑顔で叱ってもいいでしょう。

叱る心がまえで2つの大切なことがあります。

1つは、自分の思い通りに行かないからと言って、感情的になってはいけません。冷静に「相手の成長か、状況の改善に繋がる」指導をする必要があります。

2つ目は、普段の人間関係です。どんなに叱っている自分のほうが正しいと思っていても、人は感情で動きます。たとえば、信頼していない、尊敬していない人から叱られたとしたら、言うことを聞きたくない、やりたくないと思うものです。

●ピグマリオン効果とゴーレム効果

ローゼンタールとジャルコブソンは、こんな実験をしてみました。あるテストを「ハーバード式学習能力予測検査」と称して小学生に実施しました。そのテスト結果と関係なく（でたらめに）クラスの20％の生徒を『学習能力が高く成績が伸びると予想される。』と教師に告げたのです。そして、半年後再び同じテストをして見ると「伸びる」と告げられた生徒は、告げられなかった生徒より知能指数が実際に伸びていたのです。

この効果は、教師の期待効果があったからと言えます。教師が期待を持って接していたら本当に伸びた例です。これは「えこひいき」ではなく、伸びると言った生徒に対する教師の教え方、褒め方が微妙に変わったからです。

たとえば、授業中に指名する回数が増えたり、授業を離れた場所での人間的接触が多くなったのです。このように、教師の期待により生徒が伸びる現象を「ピグマリオン効果」と言います。

「ピグマリオン」とは、ギリシャ神話に登場する王様の名前で、その王様は、自分が彫った女神像に恋をし、願い続けるうちに願いが実り、女神像は人間になり王様と結ばれることになったのです。期待されると人は伸びることを教えるよい教材です。

ピグマリオン効果の反対がゴーレム効果です。ダメだと思って教えていると、本当にダメな結果を出すという効果です。チームリーダーがチームメンバーをダメだと思っていると、ダメな結果しか生み出さないのです。

ある中学校の先生は、どんな生徒もできると期待しながら教えているそうです。1人も見捨てないようにしているそうです。すると、他の人がダメだと思っているような生徒が結果を出してくれるケースもあるそうです。

期待していることを表現するときに大切なのは、1人ひとりに接する時間と、その密度だと思っています。期待していること

コラム【ピグマリオン効果】

心理学者ベンジャミン・ブルームが、主要な国際コンクールで優勝したピアニスト 21 人に調査したところ、彼らは子どもの頃は、他の子どもより少し上手な程度だったそうです。そして彼らの先生は近所のピアノ教室の先生でした。ただ、その先生たちは生徒が音楽を好きになること。ピアノを弾くことの楽しさを教えてくれたと言います。好きになったことで後の厳しい練習に打ち込むことができたのです。

とを伝えるために、相手をおだてたり、思ってもいない褒め言葉を言うような人がいます。それは逆に相手を不機嫌にするケースがあります。

期待していることを伝える言動は、一例をあげると、なにげない朝の挨拶や呼ばれたときの返事、そして、接するときの優しい笑顔とアイコンタクト、話を聞くときのうなずきとあいづちなのです。

だから、相手に期待していることを伝えるのは、そんなに難しいことでなく、本当はとても簡単なことなのです。しかし、職場でも家庭でもおろそかにされているのが、このような、なにげない行動なのです。

●ミーティングで意見を引き出すコツ

チームミーティングのときに、すぐに効果が出る意見を引き出すコツが2つあります。1つは「小グループの活用」です。ミーティングは人数が多いほど、心理的に発言しづらく、物理的にも発言チャンスが少なくなります。そこで、「ここは全員の発言が欲しい」とか「深く考えた意見が欲しい」という場面で、メンバーを小グループに分けて話し合いをしてもらうのです。小グループにすると全員が発言するチャンスが増えます。ペアで話し合ってから小グループで意見を出し合い、全体で小グループの発表をするというやり方もあります。

2つ目は「書き出しカードの利用」です。参加者は、いきなり意見を求められても、考える時間がないと意見を言うことは難しいのです。そこで、ほんの短時間（1～2分）だけ、付箋に自分の意見やアイデアを書き出す時間を設け、書いたものを読んでもらうようにして発言を求めると、意見が出やすくなります。この２つを組み合わせると意見が出やすくなります。まず、各自に複数枚の付箋を配布します。各自は、その付箋にテーマに沿った意見を書いていきます。それを小グループで個人発表をしてから、全体でグループ発表するのです。

6　チームメンバーのことを知る

●自分史シートを使う

チームメンバーのこれまで歩んできた人生を楽しく聞くことができる体験をする方法があります。自分史シートを使うのです。

自分史シートとは生まれてから現在までのモチベーションの高かったとき、低かったときを１枚のシートに書くものです。さらに、現在から死ぬまでを予測して書き続けていきます。その後に、チームメンバー１人ひとりが、それぞれの自分史を発表していくのです。

生まれて初めて自分の人生を振り返った体験をするチームメンバーもいるでしょう。現在の自分が過去の歴史の上にあることに気づくことができたと話す人もいるでしょう。また、死ぬことも意識するので、有意義に生きようという気持ちが湧いてきたと真摯に話す人もいるはずです。

自分史シートの体験をすると同じチームのメンバーに対して親しみを感じて、仕事での関係もスムーズになる効果があります。

会社内では社員間のトラブルが発生しています。上司と部下の人間関係がうまくいっていないケースに遭遇することもあります。お互いの価値観を理解し合っていないことが大きな原因です。そもそも、仕事以外の話をする時間を取っていない会社もあります。また、お互いの仕事の内容に関心を持っていない社員も増えています。

「悪意のない無関心」と私は呼んでいます。悪意のある無関心であれば、絡まった問題の糸をほぐせば問題は解決します。これは難しくないと感じています。ところが、「悪意のない無関心」は、長年の習慣を変えないとなりません。もともと、無関心の弊害を感じるセンサーのようなものがないので、新しい習慣を植えつけるのはとても難しいのです。

また、仕事の話も今はメールで済ましている会社が多いはずです。間違いなく、言葉の行き違いによる上司と部下のトラブルは発生する環境なのです。自分史を語り合うと、相手のことがわかってくるので、人間関係が改善するきっかけになります。

●にこにこシート

お互いが認め合い、そして、褒め合う体験ができる〝にこにこシート〟があります。A4の用紙に相手のよいところを書いていくのです。チームメンバーが集まって、相手のよいところを書く〟にこにこシート〟体験をすると、その日からチームのこころが1つになります。チーム内でお互いのよいところを認めていたとしても、しっかりと言葉で伝えていないものです。そして、同じチーム全員からの褒め言葉が書いてある〝にこにこシート〟は宝物になります。

・にこにこシートの手順

①時間を30分程度確保します。
②９個のマスを書いたＡ４サイズの白紙の用紙を用意します。
③チームメンバーに配布して、真ん中に本人の名前を書いてもらいます。
④隣の人に「にこにこシート」を回します。周りの８個のマスの空いているところの１つに、名前の人のよいところを箇条書きで書いていきます。
終わったら記入者の名前も書いて隣の人に回します。
⑤これを全部のマスが埋まるまで続けます。
⑥全員の「にこにこシート」が本人の元へ戻ったら、感想を１人ずつ発表してもらいます。

・アドバイス事項

＊マスは９マスです。人数が多いときは、線を引いてマスの数を増やすといいでしょう。少ない場合は、２周するといいでしょう。
＊よいところは、性格のよいところ、外見のよいところ、その人の仕事でよいところ、頑張っていると感じているところを書いていきます。観点を変えるといくらでも書くことができます。

＊褒める、認める言葉で効果的なのは、「○○さんは、〜〜だと私は思っています」というIメッセージの言い方です。例えば、「○○さんは〝はい〟の返事が会社で一番すばらしいと私は思っています！」このように書くと、とても喜ばれます。

●感謝シート研修

感謝シートは自分を中心にして、これまで自分に関わってくれた人の名前を書き出すシートです。お世話になった人、助けてくれた人、教えてくれた人を書き出していきます。分類は、ご両親、友達、会社の同僚・先輩・部下などです。書き出していくと、たくさんの方々のお世話があったから、今の自分がいたことに気づくことができます。名前がなかなか書けない人には、「感謝」のハードルを低くすることを教えています。

どんな小さなことも「感謝」の気持ちを持つ大切さを教えています。そして、たくさんの名前を書いた人にも、名前を書いた人たちに「ありがとう」を伝えてきましたかと質問します。ほとんどの人が伝えていなかったことに気づくのです。感謝のハードルを低くして、どんなことも当たり前と思うのでなく、ありがたいことだと気づいたら、チーム内でも感謝の行動が増えてきます。

●読書感想発表会

心を磨くためには心を磨く読書は欠かせません。チームで読んだ本の感想の発表をする読書感想発表会を実施するとさらにお互いを知ることができます。チームリーダーが感動した文章の意見交換会もよいでしょう。

たとえば、福沢諭吉先生の心訓です。

一つ、世の中で一番楽しく立派な事は一生涯を貫く仕事を持つ事です。
一つ、世の中で一番みじめな事は人間として教養のない事です。
一つ、世の中で一番さびしい事はする仕事のない事です。
一つ、世の中で一番みにくい事は他人の生活をうらやむ事です。
一つ、世の中で一番尊い事は人の為に奉仕して決して恩にきせない事です。
一つ、世の中で一番美しい事はすべてのものに愛情を持つ事です。
一つ、世の中で一番悲しい事はうそをつく事です。

チームメンバーに、この中で心を打つ言葉はどれか聞いて意見を発表してもらうと、お互いのことをよく理解できます。そして、発表をしながら人生の大切な心がまえを学ぶことができます。不機嫌な職場では、このような大切な生き方を教える人がいません。それぞれが、うまく行かないことを世の中や他人の責任にしています。

そして、夢や大きな目標を持つ大切さがわかるのはイチローの作文です。

大きな夢に向かって日々努力すること、そして、それを支えた人たちに恩返しをすることをイチローは作文に書いていています。

「ぼくの夢」

ぼくの夢は、一流のプロ野球選手になることです。そのためには、中学、高校と全国大会に出て活躍しなければなりません。活躍できるようになるためには、練習がひつようです。ぼくは、３才のころから練習を始めています。３才から７才までは半年くらいやっていましたが、３年生のときから今までは、365日中、360日は、激しい練習をやっています。だから、１週間中で友達と遊べるのは、５〜６時間です。そんなに練習をやっているのだから、必ずプロ野球の選手になれると思います。そして、中学、高校と活躍して、高校を卒業したらプロに入団するつもりです。そして、その球団は、中日ドラゴンズか、西武ライオンズです。ドラフト入団で、契約金は１億円以上が目標です。

ぼくが、自信のあるのは、投手か打撃です。去年の夏、ぼくたちは、全国大会に行きました。そして、ほとんどの投手を見てきましたが、自分が大会ナンバーワン選手と確信でき、打撃では、県大会４試合のうち、ホームランを３本打ちました。そして、全体を通した打率は、五割八分三厘でした。

このように、自分でも納得のいく成績でした。そして、ぼくたちは、１年間負け知らずで野球ができました。だから、この調子で、これからもがんばります。そして、ぼくが一流の選手になって試合に出られるようになったら、お世話になった人に招待券を配って、応援してもらうのも夢の１つです。とにかく、１番大きな夢は、プロ野球の選手になることです。

第4章　楽習ホウレンソウ研修がチームビルディングのキモ

楽習ホウレンソウ研修

●ホウレンソウとは

ホウレンソウはチームの情報交流をスムーズにするために欠かせません。基本を最初に教えて、共通認識を持つと、その後のチームビルディングがスムーズに行くようになります。

ホウレンソウ（報連相）は、「報告」「連絡」「相談」の頭文字をとったもので、仕事の基本です。仕事を進めていくうえで、自分自身と上司や先輩、職場の仲間、そしてお客様などをつなぐのが、ホウレンソウなのです。

●なぜホウレンソウのミスが発生するか

ホウレンソウは伝言ゲームと同じです。次から次に伝わるうちに内容が変化していきます。場合によっては原形をまったく保っていないケースも発生します。発信者は伝えたい情報を、何らかの手段で発信します。発信者の情報には意図や感情が含まれています。受信者は発信された情報を理解し解釈します。

しかし、受信者は自分の立場や感情で発信者の情報を屈折して理解してしまうのです。そして、理解できないところは抜け落ちてしまいます。また、都合の悪いところは、都合のよいように理解します。その上、受信者の頭の中には、情報を聞いて想起した情報がプラスされます。受信者の思惑が入ってくるのです。この「発信情報≠受信情報」の違いが、当初の意図や内容と違ってくる原因です。だから人を介在するほど情報が変形していくのです。

棒の上に丸実習

付箋を全員に配布して、次の言葉のとおりの図を書いてもらいます。「棒の上に丸を描いてください。30秒以内に書いてください。質問は受けません。はい、どうぞ！」全員が書き終わったら、回収して壁かホワイトボードに貼り出します。班で座っているのなら、班の机の中心に並べて見比べます。おそらく、複数のパターンの図が描かれています。同じことを聞いても、それぞれのフィルターで捉えてしまっていることがわかる実習です。

丸と丸実習

① 丸を２つ描いてください
② その下にもう１つ丸を描きます
③ ①と②で書いたものを、丸で囲みます
④ 最初に描いた２つの丸のセンターに、丸を書き、黒く塗ります

●情報が意図のとおりに伝わらない具体的原因

①受け取るほうの受信機の性能が悪い

ホウレンソウは言葉のやり取りで成立します。一生懸命に伝えたとしても受け取るほうの理解力が不足していると、十分なコミュニケーションは成立しません。基礎的な語彙力の不足により理解不能というケースが多いのです。例えば、「しんしな態度で仕事をする」と言ったときに、「しんし」=「真摯」（まじめで一生けんめい）という語彙の変換力が無ければ、意味が伝わりません。「しんし」=「紳士」と変換する人もいるのです。

読書量が少ない人は、受信機の性能が悪くなります。一般社員では毎月1冊以上の読書、管理職社員は毎月3冊以上の読書は欠かせません。全社員に毎月5冊以上の読書を義務づけている企業もあります。

②発信するほうが、意味がわかっていない

間に立って伝える人が理解不足というケースもあります。言葉の意味がわかっていても、深く考えないまま伝えているケースです。発信者の意図をつかんで情報発信をしなければなりません。

③受け取るほうの心のソフトがよくない

受信機というハードの性能がよくても、心の面のソフトがよくないと正しく情報が伝わりません。素直に受け取る、次の人に正しく伝えるという心構えが必要です。それには、受け取るほうの心のコップが上向きでないとなりません。素直にそのまま伝えないと、最初の意図とは違う内容で他の人に伝わっていきます。

●伝言ゲーム実習

伝言ゲームのやり方は一列に並んで言葉を伝えていきます。最初の人だけに文章を教えます。伝え終わった人は、伝えた文章を紙に書いておきます。最後の人に伝わったら書いた文章を順番に発表します。８人以上いるときは、２チームに分けて対抗戦にすると真剣度が高くなります。伝言ゲームが終わった後に次の正確に伝えるためのポイントを説明すると効果抜群です。

正確に伝えるためのポイント

①　復唱して確認する
②　要点や数字はメモをとる
③　伝達の段階の数を減らす
④　正確にゆっくり話す
⑤　順序立てて話す
⑥　ときどき質問をはさむ
⑦　推測で話の内容を補わない

●ホウレンソウしやすい人間関係をつくるために

相手に苦手意識を持ったままでは、ホウレンソウもなかなかうまくいきません。それに、相手が変わってくれるのを待つだけでは、人間関係が改善されるはずはありません。そこで重要になってくるポイントが2つあります。

1つ目はあいさつです。あいさつは人間関係の基本です。朝のあいさつは、自分の仕事に対する意欲や健康状態を伝える、「朝一番のホウレンソウ」でもあります。あいさつは、単なる声かけのマナーではありません。あいさつができない職場では、ホウレンソウがうまくいくはずがないのです。朝のあいさつは、1日の仕事、ホウレンソウの入り口そのものと考えて、明るく、元気に実践していきましょう。

2つ目は返事です。元気な返事は、とても気持ちのよいものです。呼ばれたときの「はい」という返事は、「私はここにいます」という最初の報告でもあります。

よいホウレンソウはよい人間関係の上にできます。よい人間関係はよいホウレンソウの上にできます。元気なあいさつと返事を実行しましょう。

●なぜホウレンソウが大切なのか～必要な情報はとにかく相手に伝えること

「相手が忙しそうだから……」、「あとで伝えればいいだろう」などと、必要な情報を伝えないままでいると、仕事が滞ったり、トラブルの原因になってしまうことがあります。ホウレンソウの内容が相手にとって重要かどうかを、自分だけで判断してはいけないのです。

たとえば、相手が外出してその場にいない場合であっても、「メモを残す」、「携帯に直接連絡を入れる」、「メールで連絡しておく」など、ホウレンソウの手段はいくらでもあるはずです。内容の緊急性や相手の性格などを考えたうえで、一番適切な手段で伝えるようにしてください。

ところで、気がかりなことがある。違和感がある。状況に変化があったときなどでは判断に迷うかもしれませんが、このような場合にこそ積極的にホウレンソウを実行しましょう。このような情報こそ、役立つケースが多いものです。大きな事故やトラブルを未然に防ぐのは、このような情報だったりします。そして、上司の顔色をうかがっているだけでは、ホウレンソウはできません。くれぐれも「相手が忙しそうだから後にしよう」などと自分だけで判断をしないでください。ホウレンソウの内容が重要かどうかは、相手が判断すると考えておきましょう。特に仕事に慣れない時期は、どんな小さなことでもホウレンソウをする習慣を身につけることが大切です。

参考　上司への声のかけ方モデル

「今、少しよろしいでしょうか？」

「少しご相談したいことがあるのですが」

＊忙しそうだから後にしようと思っていると声をかけるタイミングがなくなります。前記の声のかけ方を覚えて上司に声をかける習慣を持ちましょう。

●仕事ができる人はホウレンソウ上手〜ホウレンソウのよし悪しが仕事の成果を左右する

仕事は、職場で働くさまざまな人の〈つながり〉で成り立っています。仕事のプロとプロをつなぎ、お互いを働きやすくするもの。それがホウレンソウです。質の高い成果をあげるためには、チームのメンバーそれぞれが、質の高い専門性を兼ね備えていなければなりません。

そして、その専門性がチーム全体として効果的に発揮されてこそ、成果はより大きなものになります。ホウレンソウのよし悪しが仕事の成果を大きく左右するといっても過言ではないのです。

●ホウレンソウの診断チェックリスト

ビジネスの基本となるホウレンソウの20項目のチェックリストの説明をします。このチェックリストを使って全従業員の一丸力を高めることもできます。新入社員から管理職社員まで、参考になったという声が高いチェックリストです。

●指示命令の受け方

①名前を呼ばれたら「はい！」と明るく返事をしている

「はい」の返事の仕方1つで幸福になる人もいれば、不幸になる人もいます。幸運を呼び寄せるのは明るい「はい」の返事です。「はい」の返事が気持ちよくできる社員は、上司の信用を得ることができます。逆に、返事ができない社員は上司から相手にされなくなります。

②きびきびとした動作で上司のところに行っている

動作で仕事のやる気を判断されます。きびきびとした動作は周囲にもやる気を振りまいて、活気ある雰囲気を出してくれます。上司の評価も高くなります。

③メモと筆記用具を持って指示を受けている

人間は物事を記憶した1時間後には、情報の半分を忘れると言われています（＊エビングハウスの忘却曲線）。それを補うのが、メモを取ることです。指示を受けるときには、メモを手に持って書くことができる姿勢で話を聞きましょう。そのために、常に胸ポケットに携帯用のメモと筆記用具を入れておくことが、サービス業の社員の基本になります。

④受けた指示は必ず確認のために復唱している

指示をした者と受けた者どうしの勘違いをなくすことが目的です。指示を受けた者が、言われたことを繰り返して言うことで、お互いが指示命令の確認ができます。指示をしたほうが間違いに気づくケースもあります。

⑤いつまでにやらないとならないかの期限を確認している

指示命令に期限がないとお互いの誤解や不信感が発生します。たとえば、社長が部下に「急がないが、報告が欲しい」と言ったとします。部下のほうは、言葉のとおりに急がないからということで、通常業務を優先させてしまいます。すると、後日、社長から「まだ、報告がないのか」と怒られることになります。このようなケースでは、部下のほうから期限を確認しておくべきです（通常は社長が急ぐというケースでは、その日か翌日の報告を求めています。急がないと言ったケースでも、報告のスピードはやる気や誠意を見せることになることを覚えておきましょう)。

●報告の仕方

⑥指示された事項は必ず報告している

指示・命令された業務が終わったら、終了報告をしなければなりません。指示・命令した人に対する報告がないと業務が終わったことになりません。これができない社員は上司の信頼を得ることができません。ある社長の一番嫌う社員は報告をしない社員だそうです。

⑦報告は、イ．結論、ロ．経過、ハ．私見の順に述べている

報告をするポイントは最初に結論を話すことです。数字を使って具体的な報告をしましょう。その次に、その途中経過を報告します。最後に自分の意見や感想を報告します。

⑧報告にあたっては、事実と意見を明確に区別している

報告をする際に、意見ばかりをいう社員がいます。自分でも気づいていません。それが事実なのか自分の意見かをよく考えてから、報告するクセをつけましょう。

⑨悪いことほど早く報告している

悪い報告をしないと、会社にとってさらに大きな損害を与えることになります。直接的に自分の責任でないようなことでも、会社に損害を与えるようなことを報告するのは社員の役割です。

参考資料「社員が悪い報告をしない原因」

部下が悪い報告をしないのは、上司がよい報告をした部下ばかりを褒めて、悪い報告をした部下を叱る傾向があるからです。必ずしも、悪い報告をする部下が悪いわけではありません。

5世紀に70万の騎馬軍団を率いてユーラシア大陸を席巻したフン族のアッティラ大王という人物がいました。彼は武将たちに対してこう言っていたそうです。「悪い報告をした部下を褒めよ。悪い報告をしなかった部下を罰せよ」と（悪い情報を偽って上司に報告するのは罪です。そのまま上司に報告するのが忠誠心です）。

⑩タイミングのよい中間報告を心掛けている

上司が部下に指示命令をしたときには、いつ始めるのかとイライラしているものです。そして、いつまでに完了するのかとヤキモキしているのです。順調に業務が進んでいるときでも、完了の見込みを含めて途中経過を報告するように心がけると、上司の厚い信頼を得られるようになります。ましてや、うまく進んでいないケースでは、早期の中間報告をして、対応策を上司と打ち合わせしなければなりません。

●連絡の仕方

⑪連絡は6W2Hを確認している

いつ、どこで、誰が、なぜ、何を、誰に、どのように、いくらで、を6W2Hと言います。具体的に数字や固有名詞の確認をしましょう。仕事のトラブルの原因が、この確認漏れのケースが多く発生しています。この能力の高い人は、ビジネス能力が高いという評価を受けます。

⑫伝えた「つもり」で終わらず確認している

最近はメールで連絡をするケースが多くなっています。一端送ったからと安心せずに、再確認も必要です。重要事項については、電話や口頭でも再確認をしましょう。朝礼や会議で話したことも、個別に確認することが必要なケースがあります。

⑬気を利かせて親切な連絡をしている

「明日の研修はいつものとおりに10時スタートだね」と、チームメンバーに確認するようなケースです。本人はわかっているのですが、うっかりと忘れている人もいるのです。このような思いやりのある連絡が、会社の雰囲気をよくします。

⑭重要事項は文書でも連絡するようにしている

朝礼で話をするだけでなく、文書にして配布すると確認ミスを防げるものです。6W2Hを入れた文章にして、掲示や配布をしましょう。超重要事項は個別配布も必要です。

⑮雑談でも、さりげなく連絡事項を伝えている

昼食や休憩をいっしょにとると、さりげなくお互いが業務の確認や連絡事項を伝え合うことができます。このようなインフォーマルな時間を大切にしましょう。そして、自分がわかっていたとし

ても、さりげなく相手のために連絡事項を確認するのがビジネス能力の高い人です。このような企業文化をつくり上げた会社の一丸力は強いものになります。

●相談の仕方

⑯疑問点は、上司・先輩、関係者に相談している

問題が発生した後に相談するものと考えている人が多いのですが、相談のポイントは業務開始前に相談をすることです。最初に上司の考えをしっかりとつかんでおきましょう。上司から報告をするように言われて、丁寧な資料を作成して報告したら、それがムダになることがあります。上司が望んでいたのは迅速で簡単な報告のようなケースです。最初に相談をしておくことで、このような行き違いを防ぐことができます。

⑰隠し事をしないで、心を開いて相談している

普段から相談する人との人間関係を築いておきましょう。仕事だけの人間関係しかなくて、いきなり相談をされても上司は適切に正しく応じることができないからです。また、問題となっている事実を正確に伝えなければ間違ったアドバイスを受けることになります。お互いが信頼できる人間関係でないと、相談は難しいのです。

⑱自分の意見をまとめてから相談している

相談するときには、自分の状況を簡潔にまとめて話すようにしなければなりません。職場の問題

にしろ、家庭の問題にしろ、それを聞く上司の負担も大きいのです。

⑲プライベートなことも相談している

自分の家庭や個人的なことでも、上司に相談してよいのです。家族の病気や不幸などが発生すると仕事に集中できないのは当然です。上司や会社がその事実を知らないで、このようなときに大きなプロジェクトのリーダーにその社員を任命すると、会社を退職するようなケースが発生します。仕事の負荷が大きいのに、それに耐えられる心理状況でないからです。会社にも本人にとっても不幸なことです。

⑳職場以外の場所も活用して相談している

職場以外の場所でも、上司と話をする機会を自分でつくるようにして、さりげなく相談する機会をみつけましょう。業務終了後のお酒の席などは、気安く相談できる場所になります。

●「アイコンタクト」と「うなずき」が会話の潤滑油

非言語が会話に与える影響が大きいことは理解していただけたと思います。とくに、話を聞いてもらえているというサインに相手が気づけば、相手も安心して話ができるというものです。

そのサインの1つに「うなずき」があります。「うなずき」の有無が会話のしやすさに直結するといっても過言ではないでしょう。そして、もちろんそこに「アイコンタクト」も必要です。いくらうなずいていても明後日の方向を見ていては何の意味もなくなってしまいます。〝会話は言葉のキャッチボールだ〟と言われますが、そのボールに弾みをつけるのは「アイコンタクト」や「うなずき」という行為なのです。

●ミスコミュニケーションを防ぐのは「信頼関係」

コミュニケーションのミス以外にも、伝わらない言葉があります。相手に受け入れてもらえない言葉です。残念ながら、いくら正しいことが述べられていても、相手の心に届かない言葉があります。それはお互いの信頼関係がないケースで発生します。相手に受け入れてもらうには、「心のパスポート」を持つことが必要なのです。

信頼関係というと大げさな感じを受けるかもしれませんが、まずは、相手に「好感」を持ってもらうことです。自分が何を話そうかと頭をいっぱいにするのではなく、相手の話を理解するために、また相手に話を理解してもらうために気遣うことが大切なのです。会話で足りないものを埋めるのは〝思いやり〟なのです。〝いつも、目の前の人を世界で一番大切な人と思って話を聴く〟。この〝思いやり〟があれば、お互いの思いを共有できるでしょう。

●ダラリをなくす

ホウレンソウの徹底により、業務のムダ・ムリ・ムラが減少します。それが、労働時間の削減や生産性の向上に直結します。全社員のホウレンソウ研修から始めましょう。そして、ホウレンソウの失敗事例をテーマに問題解決の時間を取ることが、ホウレンソウの徹底のカギとなるでしょう。

コラム【ソーシャルスタイル理論と戦国武将】

ソーシャルスタイルとは、1968年にアメリカの産業心理学者であるデビッド・メリル氏が提唱したコミュニケーション理論です。

人を4つのスタイルに分けて分析し、各スタイルが望ましく感じる会話やつき合い方、異なるスタイル間の会話やつき合い方をうまくいかせようというものです。4つのスタイルと聞くと「喜怒哀楽」を思い浮かべるかもしれませんが、少し違います。先ず下の図を見てください。

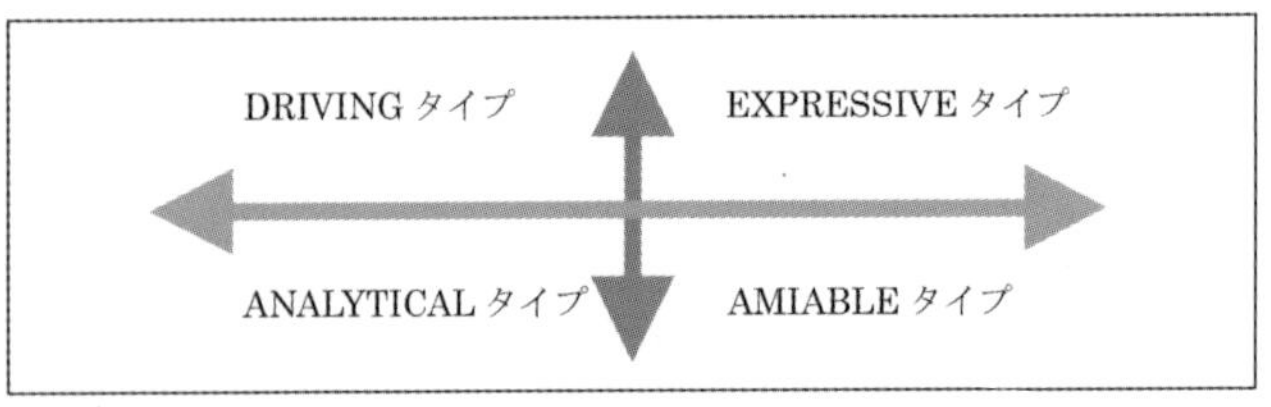

縦軸は自己表現の強弱、横軸は感情表現の大小を表します。上にいくほど自己主張が強く、右にいくほど感情表現が大きいことを表します。

DRIVINGタイプは自己主張が強く、感情表現は小さいタイプ。
EXPRESSIVEタイプは自己主張が強く、感情表現も大きいタイプ。
ANALYTICALタイプは自己主張が弱く、感情表現も小さいタイプ。
AMIABLEタイプは自己主張が弱く、感情表現が大きいタイプ。

これではイメージしにくいので、それぞれのタイプを代表的な歴史上の人物で表すと
DRIVINGタイプは織田信長
EXPRESSIVEタイプは豊臣秀吉
ANALYTICALタイプは明智光秀

AMIABLE タイプは徳川家康
とされます。（室伏順子著「苦手なタイプを攻略するソーシャルスタイル仕事術」）

このように見るとそれぞれのタイプの特徴がイメージできます。

織田信長は「創業社長」、豊臣秀吉は「ベンチャー起業家」、明智光秀は「専門職系」、徳川家康は「老舗のご隠居」としておきましょう。

強烈なリーダーシップで我が道を行くタイプの織田信長。「鳴かぬなら殺してしまえホトトギス」は激烈な性格を表しています。ノリがよく細かいことは気にしないタイプの豊臣秀吉。「鳴かぬなら鳴かせてみようホトトギス」は人たらしと言われた特徴をよく表しています。コツコツ分析・調査が得意だが人づきあいが苦手なタイプの明智光秀。「鳴かぬなら私が泣こうホトトギス」は優しさと人目を気にしない強さを感じます。気配り上手だが優柔不断タイプの徳川家康。「鳴かぬなら鳴くまで待とうホトトギス」はじっくりと機会を窺うしたたかさも感じます。

実践的なホウレンソウは、この４つのタイプに応じて変化させないとなりません。織田信長タイプの上司には、簡潔に事実だけを報告して判断をゆだねます。豊臣秀吉タイプの上司には情熱ややる気を報告します。明智光秀タイプの上司には、情報を事細かく詳細に報告します。徳川家康タイプの上司には、気づかいや思いやりの言葉を入れて誠実に意見を伝えます。それぞれに応じたホウレンソウをしなければ伝わらないのです。

ところで、この４つのタイプを簡単に見分ける方法があります。

声の大きさと笑顔で診断できます。

声が大きくて笑顔がないのが織田信長、声が大きくて笑顔があるのが豊臣秀吉、声が小さくて笑顔がないのが明智光秀、声が小さくて笑顔があるのが徳川家康です。

有名な方々の褒め言葉語録になります。褒めることは、おだてることや媚びることではありません。相手を育てること、夢や希望を与えることなのです。

●「褒め方もタイミングです。いいことをした瞬間を見逃さずに褒める。だから、観察が必要。ただ、可愛がるだけではダメです。そして、その子に夢を持たせる褒め方がいい。とにかく、どんな子でも褒めるところはある」

小出義雄（マラソン・中距離選手の指導者）

【解説】全く自分のことを見ていない、わかっていない人から褒められてもうれしくありません。シドニーオリンピックで金メダルを取った高橋尚子さんを指導したのが小出監督です。金メダルを取るような選手には、必ずと言っていいくらい褒め上手なコーチや、ご両親がいます。

まず、褒めるタイミングが大切です。いいことをした瞬間を見逃さずに褒める。後で、あのときはよかったと言われても、嬉しくありませんし、記憶に残っていないかもしれません。

だから、よく観ていることが必要なのです。たとえば、部下が仕事をしているときに、しっかりと観る時間をとっていますか。会議やミーティングでの報告だけで、部下を指導していませんか。結果だけで指導をしていませんか。部下の成長のためには、プロセスを見てあげることも大切なのです。すると、褒めるポイントがたくさんあることに気づくからです。「前に言ったこともしっかりとやってくれているんだね」、「根気強いね。集中力がすごいよ」など、観ていると褒めることがたくさんあることに気づきます。

そして、部下は、観てくれている人なら、叱られたとしても素直に聞くことができます。アドバイスもスムーズに聞いてくれます。「大丈夫だよ。こうやればうまく行くから、もう一度やってみようか」と言われたら、すぐに部下はやり直してくれます。本来、部下は仕事が好きだから、その会社にいるのです。そのような部下を指導するのは、上司の務めです。ただ、褒めるのではなく、夢を持たせるような褒め方をしましょう。「すごいね。将来は有望だね」、「覚えるのが早いね。きっと素晴らしいリーダーになるね」、こんな褒め言葉を言われて実際にそのようになった人がたくさんいるのです。

●「もし、あなたが部下を持つ身なら、１００回叱るよりも、１回褒める方が部下を大きく育てるものだということを、心に刻んでおこう」

斎藤茂太（精神科医・著述家）

【解説】褒めるよりも、叱るほうの効果が大きいと思っている人がたくさんいます。そのような人に読んで欲しい言葉です。確かに叱ると、即効性があります。褒めるよりも叱るほうが、すぐに動いてくれるからです。ただ、育てるという点から考えると、どちらが成長するかというと、褒めるほうなのです。

研修の受講者に聞いたことがあります。「人生で一番、嫌なことは何ですか」。その答えは、「上司に叱られること」でした。叱るよりも褒めて育てましょう。

●組織への参加意識を高めるには、「褒める」「頼る」「期待する」の3つを実行すると効果がある。

高井信夫（弁護士、ビジネス書作家、1937〜）

【解説】組織とは、会社、学校など、何らかの目的があって集まっている集団です。褒めるという行動をすると、お互いの会話がスムーズになっていきます。

次に頼るというのは、相手の能力を認めているということです。強い組織は分業化が進んでいます。1人の力は限られているので、1人が全部の仕事をやろうとすると弱いところが出てきます。その弱いところは、強みを持つ人に任せればよいのです。何より、自分の能力を認めてくれて頼られると、部下はやりがいを感じるでしょう。

そして、期待することです。上司から「期待されている」と思うと、それに応えたくなるものです。期待されていると成果が出るのは、「ピグマリオン効果」です。反対に全く期待されていないと、成果が出ないという「ゴーレム効果」が発生するケースもあります。どうせムリだからと思って、部下に期待しないでいると、そのまま成長しない部下がいつまでもあなたの周りにいることになります。

●「人を使うには、ほめて使う。叱って使う、批判して使うなどいろいろあるが、ほめて使う人が概して成功している」

松下幸之助（松下電器産業創業者）

【解説】ある会社を退職した幹部社員が話してくれました。「社長には何度も叱られました。褒められたことは、一緒に仕事をした約20年間で一度もなかったかもしれません。イライラすると私を呼んで叱っていました。コンプライアンスの問題が発生したときも、そのような法律がおかしいと言って、私を叱っていました。このような状態だと、心身をおかしくしてしまうと感じ始めました。社長に叱られて、批判の矛先を向けられて、一度も褒められることなく、過ごしていたのです。病気になって、その会社を辞めることになりました」

この会社では、優秀なたくさんの部下が辞めていきました。この社長が、褒めて人を使うという人の使い方をわかっていたら、と残念でなりません。

●「お世辞は分別のある人にはまず通用しないものだ。お世辞というものは、軽薄で、利己的で、誠意のかけらもない。それが通用しなくて当たり前だし、また、事実、通用しない。結局のところ、お世辞というものは、利益よりむしろ害をもたらすものだ。お世辞は偽物である。お世辞と感嘆の言葉とは、どう違うか？　後者は真実であり、前者は真実ではない。後者は心から出るが、前者は口から出る。後者は誰からも喜ばれ、前者は誰からも嫌われる」

デール・カーネギー（『人を動かす』著者）

【解説】褒めることは、相手を思い通りに動かすために、お世辞やおべっかを言うこと、もしくは相手に、こびへつらうことと勘違いをしている人がいます。そのような解釈や、言葉の意味の説明をしている辞書や文献を私は見たことがありません。

褒め言葉カード協会では、「相手を明るく元気にすること、夢や希望を与えることを目的として行う言動を〝褒める〟と定義づけしています。具体的には、『ねぎらい、共感、好意的感嘆、笑顔、激励・応援、承認、よい点の指摘、プラスの可能性の示唆、感謝』などを伝えることだと教えています」

●可愛くば五つ教えて三つほめ、二つ叱ってよき人となせ。

二宮尊徳（江戸時代の農政家）

【解説】先に教えることが大切だと話しています。教えないで、褒めたり叱ったりしていませんか。教えていると、相手のことがよくわかります。そのときに、よい点を褒める、間違った言動を叱る。これが教育だと教えてくれています。

そして、褒めると叱る割合は、どれくらいがよいかというと、やはり、褒める割合を多くすることです。

●成果も出ていないのに、褒められるかって？　褒めないから成果が出ないのだ。

トム・ピーターズ（米国の経営コンサルタント）

【解説】企業研修で、「部下を褒めよう！」と教えても、自分の部下には褒めるところがないと言う上司たちがいます。共通しているのは、部下指導を苦手としていることです。1人で、仕事をするのは得意です。言ったことを部下にやらせるのも得意です。ただ、部下は成長していません。このような上司の下だと、褒め言葉のパワーをもらっていないので、部下はやる気が出ないのです。もう一歩頑張ろうという気持ちが出てこないのです。人を成長させるのは、もう少し頑張ろうという最後の踏ん張りと努力です。適当にこんな程度でいいかと思っている人は成長できないのです。褒め上手な上司の下で働く部下は、自分で考えるようになります。この上司の期待に応えようと、さらに頑張るから成果が出るのです。上司が褒めないと成果が出ないのです。今の能力で褒めるところがないのなら、潜在能力や可能性、そして、存在そのものを褒めてみましょう。

●正しい評価に基づく賞賛ほど、人を勇気づけ、自信を与え、挑戦の意欲を燃え立たせるものはない。しかも、褒めるという行為には、叱ることと同じくらい、時にはそれ以上に相手に対する関心と愛情が必要である。

中野英男（トリオ〔ケンウッド〕創業者中野3兄弟の1人）

【解説】自分のことを正しく評価してくれる人から褒められると勇気づけられます。自信も出てきます。挑戦する意欲が高まります。褒めることや叱ることに失敗するケースがあります。どちらも相手のことをよく知らない、そして、その人に愛情を持っていないことが原因です。この2つがあれば、褒めることも叱ることも失敗することはありません。

●褒めるときのポイントは2つ。「できるだけ人前で褒めること」、「日常の小さなことを、できるだけたくさん何度も褒めること」

石渡美奈（ホッピーを製造販売するホッピービバレッジの三代目社長）

【解説】人前で褒めると、それは本気だと本人に伝わります。そして、見ている人も、自分も褒められたいと思うことができます。その人をモデルとして、そのような行動をするとよいと学ぶことができます。だから、日常の小さなことを褒めることがよいのです。掃除、片づけ、整理整頓、あいさつ、ホウレンソウなど、当たり前と思われているようなことをしっかりと褒めていくと、いつの間にか全社員が高いレベルで、行動するようになって行きます。すると、業務のムダ、ムリ、ムラがなくなって、業績も向上していくのです。

●人を育てるには、至らない点を叱るだけでなく、がんばっている点を褒めることも大切です。せっかく努力しても、上司から評価してもらえなければ、やる気が起きませんから。

宗次徳二（カレー専門店「カレーハウスCOCO壱番屋」を展開した㈱壱番屋の創業者）

【解説】創業社長で苦労して大成功した人は、成功した体験だけでなく、失敗した体験も数多く持っています。その創業者の言葉だから、深い味わいがあります。至らないこと、できていないことを叱られてばかりいると、やる気が出ません。結果が出ていなくても、がんばっている姿を褒められると、やる気が出ます。失敗したとしても、成功させようとがむしゃらに努力していくのです。やる気を出して働いてくれる人が数多くいる会社が業績を上げる会社なのです。

●ケンカした相手と和解する最大の秘訣は、ケンカした相手を褒めたたえることです。

ジョセフ・マーフィー（20世紀米国の教育家・牧師、イギリス出身）

【解説】ケンカしたら、相手を徹底的に罵倒するのではないでしょうか。覆水盆に返らずということわざもあります。ちょっとした言葉の言い違いでケンカになったまま、それっきり仲直りできないでいることもあるでしょう。手紙でもメールでもよいので、相手を褒めたたえる言葉を伝えると、仲直りできるかもしれません。家族や友人と仲直りしたい人は、褒めたたえることをやってみましょう。そして、直接に言わなくても、強く思っているだけでも相手に伝わって仲直りできたというケースもあるのです。

ケンカをしているときでも、相手のことを褒めることを意識しておくといいかもしれません。ケンカの最中に褒められると、相手は、一瞬だけれどひるんで、笑顔になるでしょう。

すると、そのまま、そのケンカがおさまってしまうケースもあります。たとえば、ケンカの相手に「尊敬している人とはケンカしたくない」と言うと、相手の怒りが笑顔に変わるかもしれません。

●他人の長所を伸ばすには、褒めることと励ますことが何よりの方法だ。上役から叱られることほど、向上心を害するものはない。

チャールズ・シュワブ（米国の大手証券会社チャールズ・シュワブ社創業者）

【解説】叱られて成長する人もいるかもしれません。しかし、褒めて励まされて成長した人のほうが多いはずです。叱られて素直に聞く人は少ないです。すぐに改善行動を取る人も少ないです。ひどいケースは、反発心をもって、上司に反抗してくるケースもあります。

褒めて励ました人は、どんどん成長していきます。向上心も出て、自分から学ぶ姿勢も持つようになります。

●7つ褒めて1つ指摘するくらいがよいね。気分がよくなれば、他人の指摘も聞く気になる。まるで魔術にかかったようだ。

船井幸雄（船井総合研究所創業者、1933〜2014）

【解説】ポイントは、7つ褒めて1つ叱るのではなく、7つ褒めて1つ指摘することです。コンサルタントをする人の成功のコツだと私は思っています。船井幸雄さんは、経営コンサルタントのトップ級の人でした。そのコツが、これだと合点がいきました。相手を気持ちよく聞いてもらう状態に持って行かなければ、コンサルティングはうまく行かないからです。どんなにいいことを指摘しても、やるのは自分でなく相手です。指摘ばかりだとやる気が失せてしまいます。

船井幸雄さんは、社員と個別によく話をしたそうです。ほとんど話を聞きながら、褒めてアドバイスをしたそうです。その指導を受けた人が、今でも大活躍しています。

●自律型感動人間を育てるために最も重視しているのは、上司と部下との対話です。新入社員を例にあげると、まず、その人の長所を明らかにします。笑顔が素晴らしいとか、声が大きいとか、そんなことでもいいのです。上司は、それを伝え、大いに伸ばしていくことで、部下の自信につなげるのです。自分に自信を持って初めて、自律型で動けるようになるからです。

山本粱介（スーパーホテル創業者）

【解説】自分から動いている自律型人材の特徴は、自分に自信をもっていることです。どんなことを任せても、うまくできると思っています。難しくてなかなかできないことでも、できる方法を見つけて何とかできると思っています。その結果、失敗したとしても、それは失敗でなく、改善点を見つけるチャンスだと思って、失敗を成功に変えようと行動します。

自信というのは過去の成功体験をどれだけ持っているかがポイントになります。小さなものでもよいので、積み重ねると大きな自信に変わっていきます。そのような成功体験が少ないような部下に自信を持たせるために、褒めて勇気づけるのも上司の仕事です。対話をすると、部下のよいところに気づくきっかけになります。見えているところだけでなく、きらめくような潜在能力や可能性も褒めて伸ばしていきましょう。

●お世辞なんか、部下は見抜いていますから、そんな「褒め」はムダです。本当にすごいなと思ったときに、「おまえ、これすごいな」と言ってあげる。本心から褒める。そうすると、言われた人も素直に喜び、その得意なことに磨きがかかります。

柳井正（ユニクロを展開する「ファーストリテイリング社長・会長」

【解説】上司が部下のことをお世辞で褒めている瞬間に立ち会ったことがあります。お世辞を言って、部下に難しい仕事をやらせようとしていました。上司が嫌な仕事を押し付けていたのです。嘘のムダな時間です。誰も喜んでいませんでした。

部下の仕事で本当にすごいと思ったときは、感嘆の表情で本心から褒めるのです。すると、部下はとっても嬉しくて、その得意なことをもっと頑張ろうとするやる気が湧いてくるのです。

●「相手を褒めることで、私が何かを期待していた!! 何たることをいうんだろう!! 他人を喜ばせたり、褒めたりしたからには、何か報酬をもらわねば気がすまぬというようなけちな考えを持った連中は、当然、失敗するだろう」

デール・カーネギー（「人を動かす」著者）

【解説】褒めて相手から何かをもらうというような人は、褒めた人から見透かされてしまいます。その褒め言葉が嘘だったと思われてしまいます。心から、相手のことを思っている愛情や思いやりがたっぷりと入った言葉を伝えるのが褒めるということです。褒めるとは、見返りなど、もらおうと思わないで行なう行為です。もし、もらえたとしても、それは相手の喜びの笑顔くらいなのです。
しかし、その相手の笑顔は、褒めた人にとっても最高の喜びになります。

●やってみせ、言って聞かせて、させてみて、褒めてやらねば人は動かじ。
話し合い、耳を傾け、承認し、任せてやらねば、人は育たず。
やっている姿を感謝で見守って、信頼せねば、人は実らず

山本五十六（大日本帝国海軍、連合艦隊司令長官）

【解説】前半部分は、江戸時代中期、出羽国米沢藩主・上杉鷹山の「してみせて 言って聞かせてさせてみる」に影響を受けて、山本五十六なりに解釈、追加したものです。やって見せること、そして、言って聞かせるとは、それを言葉でしっかりと伝えることです。その後、させてみて、よいところは褒めながら指導してあげないと人は動かないということをわかりやすく説明しています。

次の〝話し合い、耳を傾け、承認し、任せてやらねば、人は育たず〟を私なりに解釈すると次のようになります。話し合うとは、一緒の時間を共有しわかり合う努力をすることです。耳を傾けるとは、一方的に話をして言うことをきかそうとするのではなく、受け止める包容力を持つことです。承認とは、たとえ自分と違うとしても、また、多少間違っていると感じたとしても相手を認めることです。任せてやらねばとは、能力不足で満点の仕事ができないことがわかっていたとしても、小言は言わずに責任だけは取る覚悟のことです。リーダーがこれをやらないと人は育ちません。

最後の〝やっている、姿を感謝の気持ちで見守って、信頼せねば、人は実らず〟とは、感謝する大切さを述べています。感謝は大きな力を発揮します。リーダーに感謝されている人は、まさに命がけで仕事をします。このやっている姿をリーダーは感謝の気持ちで暖かく見守って信頼をしっかりと伝えることです。すると、人は成長していくのです。この言葉をリーダーは深く噛み締めて部下の指導にあたらなければ、自立型の部下は育ちません。苦労して我慢して人を育てた人しかわかり得ない山本五十六流の〝人の動かし方〟です。

◇エピソード～愛情を持って無垢な気持ちで褒めてくれた先生がいたから本を書けた⁉」

藤咲徳朗（一般社団法人日本褒め言葉カード協会理事長）

子どもに勉強をして欲しいから褒めるというママがいました。そのママが子どもを褒める姿を見たことがあります。顔が笑っていませんでした。目も笑っていませんでした。子どもも笑顔ではありませんでした。職場でも、「すばらしい成果だ。さらに売上が上がることを期待している」と部下に言う部長がいました。褒めていないと感じました。そこに愛はなく、主役は相手でなく自分でした。つまり、自分の評価を上げるために、売上を上げて欲しいという心が見えていました。うれしい褒め方はこれとは違います。

私の先生から褒められて嬉しかったエピソードがあります。福岡県に住んでいたときの小学校5年生のときの担任の女性の先生です。読書感想文を書いたら、みんなの前で「藤咲さんの感想文は、とてもおもしろい」って言って笑顔で褒めてくれました。先生を喜ばせてあげようとまた、おもしろい読書感想文を書きました。先生に読んでもらおうと渡したら、すぐに読んでくれて、笑い始めました。「本当におもしろい！」って笑顔になってくれました。先生は無垢に喜んでいました。このエピソードを今でも覚えています。それ以後、〝文章で人を喜ばせることが自分はできるんだ〟という自信になっています。大阪に引っ越すことが決まったときに、先生は、みんなの前で、こう言ってくれました。「藤咲君のおもしろい読書感想文が読めないのはさびしい。大阪でも楽しい文章を書き続けてね」

褒めるときに大切なのは、相手に対する愛情だと思っています。そして、愛情を言葉にして伝えることが褒めることだと思っています。愛情のハードルが高すぎる人は、愛情のハードルを下げてみませんか。すると、人のよいところがすぐに見つかって、褒め言葉で愛情を伝えることが簡単になるでしょう。先生は、私に、もっとよくなって欲しいから褒めたのではありません。ただ、感動したから無垢に褒めてくれたのです。職場でも家庭でも、こんな褒め方をしてくれる人がいたら、夢や希望を相手にプレゼントできます。

大人になって、私がビジネス本を過去に3冊出すことができたのも、そして、本書を書くことができたのも、読書感想文を褒めてくれた小学校5年生のときの担任の先生のおかげだと思っています。〝自分が文章を書くと喜んでくれる人がいる〟この想いを強く持てたので、文章を書くことに自信ができたのです。先生は人生を生き抜く武器となる最高のプレゼントを私にくれたのです。ありがとうございます。感謝します。

あとがき

本書を読んで欲しい人がいます。きっと、その人が読んだら感動してふるえるかもしれません。理想的な読者のモデルとなった人です。しかし、今は会うことはできません。それは誰かというと、20年前の私なのです。心身を壊して会社を退職することになりました。退職後に無職となり猛勉強をして社労士資格を取ることができました。企業在籍中に研修の講師をする体験があったので、企業研修講師としても一本立ちしたいと思っていました。しかし、企業研修に向いているカリキュラムを持っていませんでした。教えて導いてくれる人もいませんでした。そして、セルフイメージもとても低い状態でした。だから、当時の私が必要だったことを本書で書いているのです。

20年前の私が本書に出会っていたら、開業後の数多くの苦労をする必要はなかったかもしれません。しかし、それぞれに役割があって、私は同じような人を救う役割が与えられているのかもしれないと思っています。

目指して欲しいのは『受講者は、もちろん、自分自身も幸せな企業研修講師』です。それは企業で働いている経営者の方や管理職社員の方にも目指してほしいことです。成功には幸せな成功と不幸せな成功があります。どんなに成功しても、いっしょに喜んでくれる仲間や家族がいなければ、不幸な成功者になります。幸せに成功している人の周りには、賞賛してくれるお客様がいます。仲間がいます。愛し愛される家族もいます。楽習チームビルディングを使うとそれが実現するのです。

愛とまごころと感謝が楽習チームビルディングのカリキュラムの底流に流れているので、教えている人も幸せに成功できるのです。

そして、農夫が作物をつくるときに、いきなり土地に種を植えたりしません。その前の準備を万全にします。雑草が生い茂っているところにどんなにいい種を植えても、どんなにお日様の光と水を与えてもいい作物はできません。農夫は最初に土をつくるところから始めます。土を耕し、雑草をとり、小石があれば取り除いています。一度だけでなく、日をおいて何度も繰り返しています。よい土をつくることがよい作物をつくる土台となります。チームビルディングも同じです。よいチームをつくりたければよい土壌づくりに時間をかけなければならないのです。

私が教えているようなチームの空気を入れ替えて、チームを1つにして企業の業績を上げるチームビルディングでは、土壌づくりが欠かせないのです。不機嫌なチーム・職場・会社はこの土壌づくりが不足しているのです。土壌づくり＝ラポール・絆を強くするための時間を取ることと置き換えるとわかりやすいのかもしれません。

私は庭仕事が好きです。毎年、花を植えています。一生懸命に土を掘り返しています。そのたびに、今回、書いたようなことを思い出しています。

自分自身のことに置き換えても〝深く耕すこと〟を大切にしています。自分のこころに雑草があれば、取り除くこと。こころが硬く凝り固まっていたら、何度でも掘り返して、あたたかいお日様にあてること。そして空の星を見ること。

すきま時間に仕事をするよりも、そのすきま時間を自分のこころをいやすために使っています。すきま時間はこころのいやしの時間に使ったほうが、後の仕事がスムーズに行くでしょうし、何よりも対人コミュニケーションがうまくいくようになります。

今回の本はより実践的で効果的なチームビルディングの方法を教えて欲しいという声に応えました。企業の現場では、チームメンバーどうしの会話がなく、働いていても楽しくない不機嫌なチームになっているという状況があります。それを、解決するためにどうしたらうまくいくのかを毎月のチームビルディング研究会のメンバーに指導をしながらレスポンスをもらってきました。成功事例をたくさんいただきました。

同じ志を持つ楽習チームビルディング研究会の仲間たちの応援があって、今回の本の執筆ができました。ありがとうございます。

そして、いつも応援してくれている妻の藤咲とし子、息子の祐樹、娘の美和にも最大の「ありがとう」を伝えます。

楽習チームビルディング研究会メンバー（敬称略。五十音順）

青木　基和、石田　信隆、石野　博康、上田　健一、大金　容子、唐澤　正樹、黒岩　優佳、近藤　淳子、境野　守宏、佐藤　真澄、椎名　昌之、志田　淳、関口　奈穂美、高田　奈津美、高橋　良昌、立石　泰広、田中　聡美、辻　たまき、寺田　達也、中垣　聖代、西尾　行雄、野口　正憲、原田　雅美、堀川　眞也、御代田　裕介、山口　栄一

読者プレゼント!!

本のご購入をありがとうございます。感謝の気持ちを込めて、
メルマガ読者登録をしていただいた方に無料特典をプレゼント
いたします。ぜひともこのチャンスをご活用ください。
藤咲徳朗が理事長を務める日本褒め言葉カード協会では
毎日メルマガを発刊しています。タイトルは、仕事も家庭も
幸せになる「褒める・認める・感謝する会話術」メールセミナーです。

無料プレゼント特典の申込みのメルマガ登録サイトは下記となります。
→ http://bit.ly/2Ua8mHl

QR コードはこちらです。

4つの特典プレゼント!!

①楽習チームビルディング動画（本に即して順次アップされます）
②褒め言葉あいうえお表 200 選（PDF）
③拍手道診断シート
④楽習チームビルディング出版記念講演会半額招待（3000 円に割引）
（出版記念講演会の日程は 5 月にサイトにアップされます）

＊日本褒め言葉カード協会のホームページは次のとおりです。
→ http://homekotoba.jp
本に掲載されている楽習セミナーなどの各種セミナーの情報が満載です。

著者略歴

藤咲　徳朗（ふじさく　とくろう）

昭和33年、福岡県生まれ。大阪育ち。大阪市立大学経済学部卒。社会保険労務士。人事コンサルタント。株式会社パートナーズリンク代表取締役社長。一般社団法人日本褒め言葉カード協会理事長。「楽習チームビルディング」を用いて、チーム力アップを図り職場の問題を解決して企業の業績向上を実現するチームビルディングインストラクター。大学卒業後に株式会社イトーヨーカドーにてマネジメントを学び、本社スタッフとして海外業務を担当する。その後、アミューズメント企業において経営企画室長として社内大学の設立・運営とメインインストラクターを担当する。2005年8月、企業研修事業の株式会社パートナーズリンク設立。これまで延べ1000社以上、延べ15万人以上にチームビルディング研修を実施。研修先企業から「社員が辞めなくなった。パワハラがなくなった。業績が向上した」という声が多数上がる。また、褒め言葉カードセミナー、ホメホメトランプセミナーを主宰、日本各地で講演中。企業研修講師のための幸せな企業研修講師養成講座"藤咲塾"塾長。♦ミッション：仕事も家庭も幸せな日本をつくり、子どもたちに夢と希望を与える。♦取得資格：社会保険労務士、キャリアコンサルタント、米国NLPマスターコース、メンタルヘルスマネジメント2級、販売士1級、など。♦著書：『たったひと言で変わる！ ほめ言葉マーケティング』（コスモトゥーワン）『ぐんぐんと部下が育つリーダーの55の成功習慣』（セルバ出版）、『ムチャぶりで人を育てる23のコツ』（セルバ出版）

URL:http://homekotoba.jp
連絡先：fujisaku-tokuro@r2.dion.ne.jp

中小企業の退職者撲滅法!!
不機嫌な職場を上機嫌な職場に変える！　楽習チームビルディング

2020年4月13日 初版発行　　2024年4月30日 第4刷発行

著　者　藤咲　徳朗 ©Tokurou Fujisaku

発行人　森　忠順

発行所　株式会社 セルバ出版
〒113-0034
東京都文京区湯島1丁目12番6号 高関ビル5B
☎03（5812）1178　FAX 03（5812）1188
https://seluba.co.jp/

発　売　株式会社 創英社／三省堂書店
〒101-0051
東京都千代田区神田神保町1丁目1番地
☎03（3291）2295　FAX 03（3292）7687

印刷・製本　株式会社 丸井工文社

Printed in JAPAN
ISBN978-4-86367-569-8